ちくま新書

世界最強組織のつくり方

——感染症と闘うグローバルファンドの挑戦

國井 修

Kunii Osamu

0

世界最強組織のつくり方——感染症と闘うグローバルファンドの挑戦【目次】

第四章　資金を集め、投資する

主要略語表

AIDS	後天性免疫不全症候群
ART	抗レトロウイルス療法、抗 HIV 療法
CCM	国別調整メカニズム
COE	事業実施が困難な状況
CSR	企業の社会的責任
CSV	共有価値の創造
ESC	倫理統治委員会
ESG	環境・社会・ガバナンス
FGFJ	グローバルファンド日本委員会
Gavi	ワクチンアライアンス
GFAN	グローバルファンド活動者ネットワーク
GHC	グローバル・ヘルス・キャンパス
HIV	ヒト免疫不全ウィルス
iCCM	包括的地域症例管理
IDU	注射薬物使用者
IRS	屋内残効殺虫剤散布
JCIE	日本国際交流センター
JICA	国際協力機構
KP	キーポピュレーション
KPI	重要業績評価指標
LLIN	長期残効殺虫剤処理蚊帳
MOPAN	国際機関評価ネットワーク
MSM	男性とセックスをする男性
OAU	アフリカ統一機構
OIG	総合監察官室
PEPFAR	米国大統領緊急エイズ救済計画
PPM	共同調達メカニズム
RBM	ロールバック・マラリア・パートナーシップ
SCM	サプライチェーン管理
SDGs	持続可能な開発目標
STB	ストップ結核パートナーシップ
STC 政策	持続性・移行・共同資金政策
UHC	ユニバーサル・ヘルス・カバレッジ
UNAIDS	国連合同エイズ計画
UNDP	国連開発計画
UNHCR	国連難民高等弁務官事務所
UNITAID	国際医療薬品購入ファシリティ
VfM	バリュー・フォー・マネー
VMMC	自発的医学的男性包茎手術
VMOSA	ビジョン、ミッション、目的、戦略、実施計画
WHO	世界保健機関

はじめに

†「世界最強の国際機関」の誕生

一九九〇年代に世界中で猛威を振るい、多くの国の存亡まで脅かしたエイズと結核。年間何億人にも襲いかかり、特に多くの子どもや母親の命を奪ってきたマラリア。これら三大感染症による死者数は、二〇〇〇年当時、年間五〇〇万人以上にのぼり、ボーイング七四七型ジャンボジェットが毎日二三機墜落するのに匹敵するといわれた。

保健医療の領域を越えて、政治・社会・経済を混乱させ、人類の未来を脅かすこれらの地球規模の課題を解決するため、当時の国連事務総長コフィ・アナンらの呼びかけで設立され、元マイクロソフト共同創業者ビル・ゲイツ、世界的ロックバンドU2のボノなど、多くの人々の絶大なる支持を受けている組織が「世界エイズ・結核・マラリア対策基金（The Global Fund to Fight AIDS, Tuberculosis and Malaria)」、通称「グローバルファンド」である。

グローバルファンドは世界中から調達した資源（資金、物資、技術）を、必要とする国々のニーズに応じて配分し有効活用して、リターン（感染症の予防、死亡の低減）を得るという一連の活動を投資と考え、その効果と効率を最大化するためのメカニズムを創り、稼働させ、進化させてきた。過去一六年間で調達した資金は約五〇〇億ドルにのぼり、近年の年間予算は四〇億ドルを超える。これは世界保健機関（WHO）の年間予算の約二倍で、国際機関の保健医療援助額としては最大である。

官民連携を超える「二一世紀型パートナーシップ」という新たな形のビジネスモデルを展開し、「グローバルヘルス分野のイノベーション」とも呼ばれてきた。ビル・ゲイツは、ウォール・ストリート・ジャーナルの記事で「私が行った最高の投資」の一つと述べたが、グローバルファンドが世界にもたらしたインパクト、その透明性や説明責任の高さは国際的にいくつもの高い評価を受け、「世界最強の国際機関」の一つとも称されている。

私は現在、この組織の約一〇人の幹部の一人として執行部会や理事会に出席し、戦略情報部、技術支援・連携促進部、コミュニティ・人権・ジェンダー促進部など五つの部を統括している。

私以外の幹部は、マッキンゼーを含むコンサルティング会社、セーブ・ザ・チルドレンを含む国際NGO、バンク・オブ・アメリカ、ノバルティスなどのグローバル企業、世界銀行、WHOなどの国連機関、米ホワイトハウス、英・仏などの中央政府、ハーバードを含む大学・研究機関など、各分野で「最強」と呼ばれる組織の幹部や重役を経てきた。

彼らとの毎週の議論は刺激的である。

「このパートナーとのローン・バイ・ダウンを実施すれば、一対二〇の投資対効果（ROI）が期待できて、この国に四〇億ドルの新たな保健医療投資が生まれる。三つのリスクがあるが、これをとるか、とらないか。」

「この治療薬は薬草からの抽出物をベースに製造しているため、その生産高に左右されて国際価格が変動してしまう。短期的には共同調達メカニズムで調達価格を安定化させるが、中長期的には市場協創の仕掛けをしてみよう。」

など、私が以前のように病院で医師として働いていたならば、口にすることのないような話題を、毎日のように熱く議論している。

「最強の組織」「理想の組織」に近づけるにはどうすべきか。より多くのリターンを生み、社会的なインパクトを与える組織にするにはどうすべきか。多くの知見と示唆を与えられている。

本文でも説明するが、グローバルファンドの理事会には、世界銀行、国連合同エイズ計画（UNAIDS）などの国際機関、日本を含む先進国および開発途上国の政府、保健医療分野で世界を牽引するグローバル企業やビル＆メリンダ・ゲイツ財団（以下、ゲイツ財団）、大手国際NGOなど、世界中から様々な組織・団体の代表・幹部が集まる。

その中で、多くの難題が事務局に提起される。我々はそれらを事務局内で、また様々なパートナーとともに検討し、方向性やオプションを決めてから理事会に報告をするのだが、理事会の休憩時間にコーヒーを飲みながら、その難題に対する理事会メンバーの意見を聞いてみると、「うちの組織でも検討したのだが、わからない。だからグローバルファンドに期待しているんだ」という答えが返ってくることが多い。つまり、現在、最強ともいえる民間・公的組織でもわからないことをグローバルファンドに実現してもらおうというのだ。

理事会での議論は、国際社会が何を求め、世界がいかなる方向に進んでいこうとしているのかを知るのにもいい機会である。我々は感染症パンデミックという課題を扱っているが、国境を越える地球規模課題の解決には、関連するステークホルダーの連携・協力が必須であるという共通項がある。口で言うのは簡単だが、実践するのが困難な連携・協力をどう具体化するか。理事会での議論やグローバルファンドでの仕事はとても刺激的である。

†答えのない課題を模索する

これらの経験と知見を基に、本書には「世界最強組織のつくり方——感染症と闘うグローバルファンドの挑戦」という、挑戦的な題名を付した。

グローバルファンドは、いかなる組織も単一では実現し得ない夢を実現するために、大きな期待を背負って創られた組織である。世界から多大な支持と支援を受ける一方で、国を救い、世界の未来を変えるための成果、理想の実現を求められてきた。そこには解決策が未だに示されていない課題も多く、そのため各界の頭脳を世界中から集めて、答えを模索する作業が行われている。「世界最強の国際機関」となることを求められ、それを追求しているともいえる。

その意味で、本書はグローバルファンドとは何か、この組織の挑戦を伝えることで、営利・非営利に関わらず、大きなミッションを担って動いている組織、大きなゴールに向かって走っている機関に対して、いくつかの示唆を与えられるものと信じている。

特に、国内外を問わず、非営利組織、公的機関で働く人々、社会貢献に関心のある人々に対しては、民間企業がもつ「投資」という概念の重要性、成果やインパクトを測って示すことの必要性、バリュー・フォー・マネー（VfM）の概念などは参考になるだろう。

一方、営利企業に勤める人々、金銭的リターンに関心のある人々にとっても、近年は、「企業の社会的責任（CSR）」「共通価値の創造（CSV）」、「環境・社会・ガバナンス（ESG）投資」のように、企業と社会・世界との結びつきを無視できない時代となっているため、本書には「持続可能な開発目標（SDGs）」のようなグローバルな目標と企業の目標や事業とをどのように調和させるか、その目標達成のためにいかなる努力や配慮が必要かなども記した。さらに、グローバルな組織と日本の組織との様々な違いについても述べており、参考にしてもらえることは多いと思う。

†本書の構成

本書は七つの章で構成されている。

第一章では、世界最強の組織がなぜ必要とされ、創られたのか。なぜ既存の組織ではだめだったのか、地球規模の課題とそれに対する世界の対応を振り返ってみたい。

第二章では、世界最強の組織にはなぜ「ビジョン、ミッション、目的、戦略、実施計画（VMOSA）」が必要なのか。また、それらをいかに紐解き、組織の隅々、個人の行動・パフォーマンスにまで浸透させる必要があるのかを説明する。

第三章では、組織間の連携・協力、真の意味でのパートナーシップについて考え、官民パートナーシップを超えた「二一世紀型パートナーシップ」とは何かを説明する。

第四章では、グローバルヘルス分野の国際機関としては世界最大の資金を調達し、また「革新的資金調達」も推進しているグローバルファンドの資金調達戦略とその資金活用について説明する。また、世界で最近トレンドともなっている「バリュー・フォー・マネー（VfM）」についても解説する。

第五章では、組織の成果、インパクト、パフォーマンスを示すこと、それらを最適化、最大化することの重要性とその方法について説明する。

第六章では、世界最強の組織にするために、いかに優秀な人材を集め、育て、活用すべきかを検討する。グローバルファンドの事例を示し、今後、日本人がグローバルに活躍するために必要なアドバイスも加えた。

第七章では、未来を創るためにいかなる仕掛けを作っていくべきか、日本への期待を込めて説明する。

＊

世界の開発問題や地球規模課題に関心のある人のみならず、日本国内の社会問題に関心のある人にもぜひ読んでいただきたい。

本書が、組織の利益と社会の利益、そして未来のニーズや可能性との結びつきを考えて、組織のリーダーシップやマネジメントをもう一度見直す機会を与えることができれば幸甚である。

世界を見ていると、日本の良さも悪さも見えてくる。

私は日本人として、開発途上国だけでなく、日本社会の未来にも何らかの貢献をしたいといつも思ってきた。グローバルファンドの学びや進化が、グローバルな経験が、日本の課題解決のため、さらに日本の素晴らしい未来のために、活用できれば幸いである。

第一章

世界最強の組織を創る

1 なぜ世界最強の組織が必要となったのか

一人ではできない理想の実現のため、人は集まり、力を合わせる。現実の中に横たわる様々な課題、これを改善・解決することは個人だけではできない。組織が必要である。こんな製品・サービスがあれば人々が喜び、社会が潤い、そして利潤も追求できる。そんな思いで組織・会社を作ることもある。

世界に生まれた営利・非営利組織にはそれぞれ違った創設目的があり、その背景には様々な社会的ニーズや課題があったであろう。その社会的ニーズ、解決すべき課題が大きく、実現しようとする目標や理想が高ければ高いほど、巨大かつ強靱な組織が必要となってくる。

グローバルファンドもそんな必要に迫られて、生まれた。

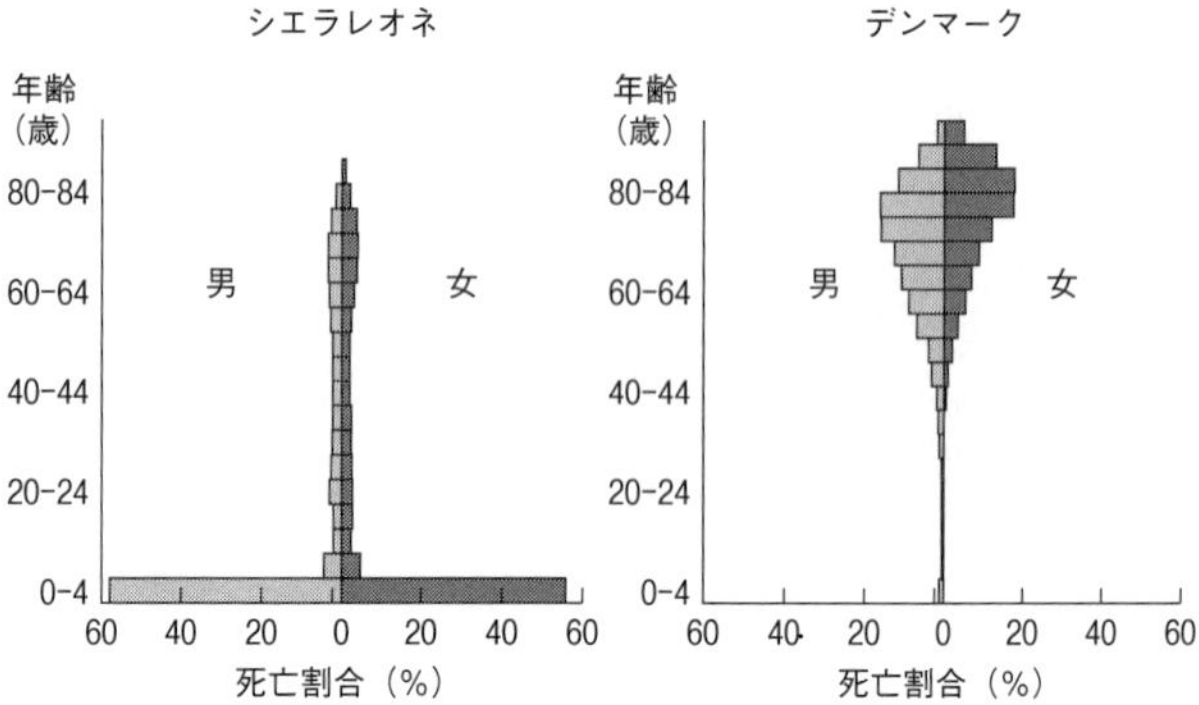

図1　途上国と先進国の死亡ピラミッドの比較（出典：United Nations 2005）

†「暗黒大陸」アフリカ

以前からアフリカは「暗黒大陸」とも呼ばれ、睡眠病、河川盲目症、ギニア虫症などの風土病が蔓延していた。麻疹《はしか》、下痢症、肺炎などのどこでも見られる感染症も、栄養状態や衛生状況の悪いアフリカでは大量の死亡につながっていた。

すべての年齢層で人は死亡するが、その確率を見ると年齢別で大きな差がある。

図1を見てもらいたい。これは年齢別・性別の死亡率を示した人口ピラミッドならぬ、「死亡ピラミッド」である。ここでは、西アフリカにある最貧国の一つ、エボラ熱も流行したシエラレオネと、先進国であるデンマークを比較している。

デンマークでは高齢になるにしたがって死亡の割合が高くなるのに比べ、シエラレオネでは抵抗力・免疫力の低い五歳未満の子どもが驚くほど高い確率で死亡しているのがわかる。以前はこの五歳未満児の死の多くがマラリアによるものだった。

しかし、五歳を過ぎると抵抗力や免疫力もついてくるので、死亡率は減ってくる。青壮年は病気にかかりながらも、生きながらえる力をもっていた。そんな逞しい人々の姿を、私もアフリカを訪れるたびに目にしていた。

しかし、それが一九九〇年代になると一変する。

†「スリム病」の蔓延

二〇~四〇歳代の働き盛りが、原因不明の病気で次々に亡くなるようになったのだ。農夫、漁師、学校の教員、病院の医師・看護師、地域のヘルスワーカー……。産業、経済、教育、医療、様々なセクターを支える人々の命を奪い、働き手が消えていった。

唯一働いていた看護師が死亡し、行き場のない患者で溢れる村の診療所。教員が減り、親たちも亡くなったために就学できなくなり児童数が減った小学校。青壮年が激減し、高齢者と遺児ばかりが残った村。アフリカを訪れるたびに異様な光景を目にするようになった(写真1)。

何か空恐ろしいことがアフリカで起こっている。そう感じたのは私だけではないだろう。

なぜ多くの人々がばたばた死ぬようになったのか、当初はわからなかった。各地で「奇病」

写真1　1990年代、エイズ孤児は増え続け、その数は世界で1500万人以上にものぼった。

と呼ばれていたが、ウガンダではこれを一九八五年頃から「スリム病」と名づけていた。食事をしても下痢などで体重がどんどん減り、治療をしても改善せず、ミイラのように痩せ細って死亡する。そんなケースが多く見られたためである（写真2）。

最終的にこれはHIVによる感染で、エイズを発病した時の一つの症状、消耗性症候群（全身衰弱）であることがわかった。

ご存知の通り、初めてのエイズ患者は一九八一年に米国で症例報告され、翌年、後天性免疫不全症候群（AIDS）と命名され、一九八五年にはそれを引き起こすウィルス、ヒト免疫不全ウィルス（HIV）が発見された。

二〇一四年、英オックスフォード大学の研究者らが米科学誌『サイエンス』に発表した論文が話題を呼んだ。遺伝子配列を使った彼らの研究によると、HIVの流行は一九二〇年代のコンゴ民主共和国の首都キンシャサ、当時、ベルギー領コンゴのレオポルドビルと呼ばれていた場所から広がった可能性が高いというのである。

当時ベルギー統治下のこの商業都市には、鉄道インフラや水路などの交通の整備が進み、数百万人の賃金労働者が集まっていた。その大部分が男性で、彼らを客とする性産業が活発化。さらに、病院では注射針が消毒も交換もされずに再使用された。おそらく、この二つの理由でHIVはこの街で流行し、そこから鉄道・水路などでアフリカ、ヨーロッパへと広がったと考えられている。

アメリカ大陸でのHIV流行は、カリブの島ハイチ経由といわれている。一九三〇年代よりコンゴにはハイチ人が多く働いており、ここで感染した彼らが一九六〇年代に母国に、さらに一九六九年に移民としてアメリカにHIVウィルスを持ち込んだという。

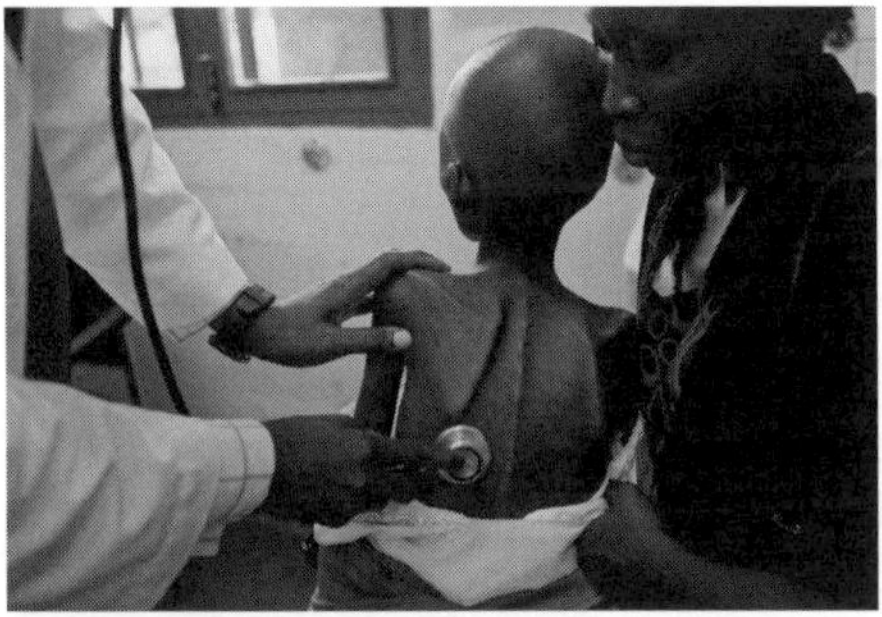

写真2 「スリム病」と呼ばれていたエイズの患者

†世界を席巻する感染症

エイズの猛威は、図2に示す通り、二〇〇〇年過ぎまで留まることを知らず、世界を席巻していった。特にアフリカでは爆発的に流行し、ボツワナでは全国平均HIV有病率が四〇%を超え、ある地域では五〇%、つまり二人に一人が感染

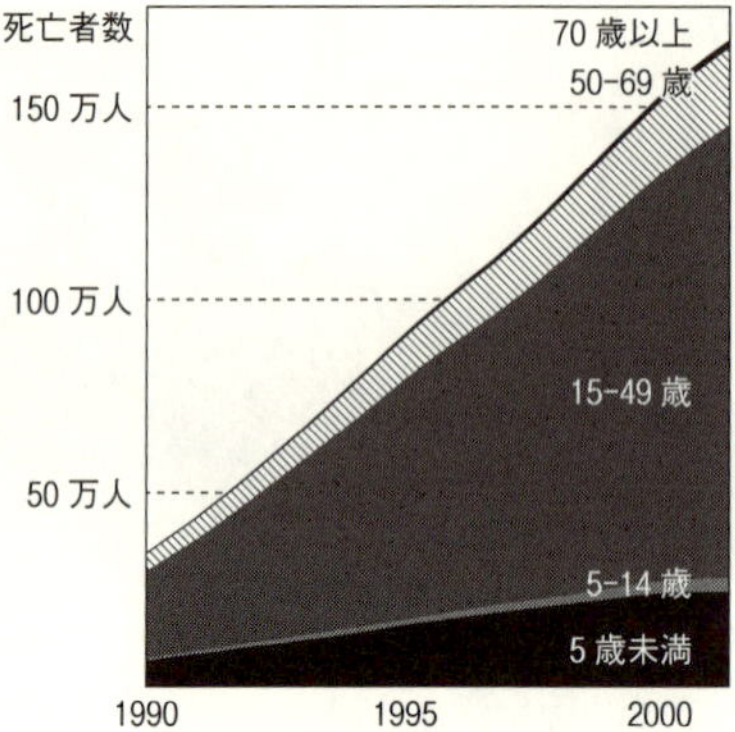

図2　世界のエイズ関連死亡の推移（1990-2002年のみ）
（出典：IHME, Global Burden of Diseases 2018, https://ourworldindata.org/hiv-aids）

する状況に陥った。当時のエイズの致命率はほぼ一〇〇%。感染はそのまま「死の宣告」でもあり、実際に国の平均余命は急激に下がり、人口構造をも変えていった。

さらにHIVの流行により、古くからの病気である結核が再燃しはじめた。HIVは、体を病気から守る免疫システムの一つヘルパーTリンパ球などに感染し、破壊していく。そのため感染すると免疫力が低下し、様々な感染症や癌が襲いかかり、それらが原因で死に至る。特に結核はHIVと相性がよく、HIV感染者の死亡原因の第一位となっている。

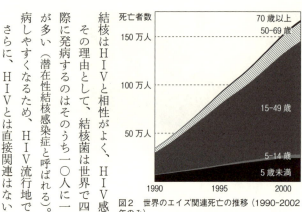

その理由として、結核菌は世界で四〜五人に一人が感染するほど身近に存在する。一方、実際に発病するのはそのうち一〇人に一人くらいで、健康であれば感染しても症状が出ないことが多い（潜在性結核感染症と呼ばれる）。しかし、HIVに感染すると三〇〜五〇倍も結核を発病しやすくなるため、HIV流行地では結核の患者数、死亡数が急増するようになった。

さらに、HIVとは直接関連はないが、蚊が媒介するマラリアも世界の様々な地域で再流行し始めた。この感染症は一九七〇年代、殺虫剤ＤＤＴの散布、蚊の繁殖場所の根絶、抗マラリア薬の普及などによって多くの国で激減したが、そこで手を緩めたことによって再流行していた。さらに一九九〇年代になると、グローバリゼーション、地球温暖化、自然災害、難民・移民など様々な要因・誘因によって、多くの地域でマラリアが猛威を振るうようになった。

アフリカの病院を訪ねると、薄暗く汚い病棟の廊下にまでマラリア患者が溢れ、その中には脳性マラリアで意識を失い、腎不全でお腹がパンパンに膨れた子ども、マラリアによる貧血でお産の後に死に絶えた妊婦などがいた。

2　国際社会の対応

†グローバルファンドの誕生

このように世界を震撼させたＨＩＶ、結核、マラリアは三大感染症と呼ばれ、一九九〇年代後半、年間何億人もの人々を感染させ、五〇〇万人以上もの人々を死に追いやった。二〇〇〇年当時、一日平均で一万三〇〇〇人以上の命を奪い、その数は東日本大震災の死者数、西アフリカのエボラ熱流行による二年間（二〇一四～一六年）の死者数に匹敵した。

写真３　コフィ・アナン元国連事務総長

このままＨＩＶを含むこれらの感染症を放置すれば、まるで映画の世界のように、現実に多くの国が滅亡することになってしまう。各国が次々と非常事態宣言を発し、世界はパニックの渦に巻き込まれた。

多くの声が上がる中で、その先頭に立ったのが、今は亡きコフィ・アナン国連事務総長だった（写真３）。彼は、二〇〇〇年九月の国連ミレニアム・サミットで、ＨＩＶをはじめとする感染症の脅威への対応を、新世紀の重要な開発目標の一つに位置づけた。

また、二〇〇一年四月、ナイジェリア・アブジャで開催されたアフリカ連合サミットでもエイズ問題を取り上げ、ドナーに資金拠出の誓約をさせた。二〇〇一年六月にはエイズ国連特別総会を開き、一八九カ国の首脳および政府代表とともに「ＨＩＶ／エイズに関するコミットメント宣言」を採択した。

先進国首脳も立ち上がった。二〇〇一年七月、イタリア・ジェノバで開催されたＧ８サミットで「世界エイズ保健基金」を立ち上げると発表し、二〇〇二年一月に「世界エイズ・結核・マラリア対策基金」、通称「グローバルファンド（ＴＧＦ）」をスイス・ジュネーブに創設した

写真4　沖縄G8サミットに出席した先進国首脳

のである。正式な設立宣言をしてから半年という短い準備期間で新たな国際機関が誕生するのは異例のことで、この問題の緊急性、それに対する国際社会の対応の迅速性が見てとれる。

グローバルファンドの「生みの親」日本

実をいうと、感染症と戦うこうした世界の大きなうねりのお膳立てをしたのは日本であった。

創立に向けた一連の動きに先立つ二〇〇〇年七月、当時の森喜朗《よしろう》総理大臣が議長を務め、第二六回主要国首脳会議（G８サミット）が沖縄で開かれた（写真4）。そこで日本政府が提唱して主要議題となったのがＨＩＶを含む感染症だった。Ｇ８サミットの歴史で保健医療問題をメインに話し合うのはこれが初めてのことである。ここで世界のリーダーたちが合意したのが「新たなかつ革新的なパートナーシップを構築する」こと。感染症のパンデミックから世界を救うため、彼らは国際社会に協力を呼びかけた。

ここで日本は言葉だけでなく、世界の感染症問題の解決に向けて自らも誓約した。今後五年間で総額三〇億ドルを目途とする支援を行う「沖縄感染症対策イニシアティブ」を発表し、他の主要国にも強い働きかけを行ったのである。

G8サミットの合意を具体的な実施につなげるため、同年一二月に同じく沖縄で「感染症対策沖縄国際会議」を開催した。ここにドナー政府、実施国政府、国際機関、NGO・市民団体などを招き、「新たなかつ革新的なパートナーシップ」を実際に機能させるための優先分野、タイムテーブル、実施計画などを策定した。

この国際会議で議長を務めた当時の外務省国際社会協力部長で、その後、日本政府国連大使や国連事務次長も歴任した高須《たかす》幸雄《ゆきお》氏に話を聞くと、この会議に参加したパートナーには具体的な役割・行動を約束させ、書類にサインしなければ帰らせないほどの真剣さだったという。

国際社会、外交の世界では、口では偉そうなことを言いながら、実際には金は出さない、手も動かさない、結局何もしないという国、機関、人々が少なくない。そんな中、日本は自ら資金を拠出し、先進国首脳を動かし、戦略・実施計画作りへの知的貢献や取りまとめも行った。

これらの動きがグローバルファンド創設につながっていったことから、日本はグローバルファンドの「生みの親」と呼ばれ、二〇〇〇年以降も、グローバルヘルス外交の牽引役ともなっていったのである。

†新たな組織の必要性

なぜここで新たな国際機関を創る必要があったのか、疑問に思う人もいるだろう。国連における保健医療の専門機関として、世界保健機関（WHO）がある。また、国際的なエイズ対策の調整役として、国連合同エイズ計画（UNAIDS）もある。なぜそれらの国際機関に委託しなかったのだろうか。

様々な議論があった。この緊急事態を収拾するには、官民両方から莫大な資金を集め、迅速に現場に資源を投入し、効率的・効果的に対策を実施しなければならない。それには実施国政府がオーナーシップをもち、それを国連・国際機関、政府援助機関、アカデミアなどのステークホルダーが連携・協力し、特に、市民社会や当事者、さらに、知的所有権をめぐって衝突する企業をも巻き込まなければならなかった。

当時、こうしたことを主に政府間協議体である国連の枠組み、メカニズムで行うことは困難と判断された。新たに革新的なメカニズムを創出しなければならない、現存する組織を超えたメカニズム、組織を超えた組織、「二一世紀型パートナーシップ」とも呼ぶべきものが求められたのである。なんと、アナン元国連事務総長自ら、それを推奨したとも言われている。

第二章　ビジョンを描く

1　「ビジョン」と「ミッション」

†VMOSAとは何か

「夢なき者に理想なし。理想なき者に計画なし。計画なき者に実行なし。実行なき者に成功なし。故に、夢なき者に成功なし。」

幕末の思想家・教育家の吉田松陰《しょういん》が一五〇年以上も前に伝えた教えの普遍性は、今でも変わらない。

マハトマ・ガンジーからウォルト・ディズニーにいたるまで、野望ともいえる大きな夢を実現した人物が口を揃えて言う成功のカギは「夢」であり、「ビジョン」であった。

しかし、実際に組織を創り、それを動かすには、夢やビジョンだけでは足りない。具体的な計画を作り、それを実行してはじめて夢が成功に導かれる。

吉田松陰が成功のプロセスとして重要と考えていることを一言でいえば、「VMOSA」であろう。「ビジョン（Vision）」「ミッション（Mission）」「目的（Objectives）」「戦略（Strategies）」「実施計画（Action Plans）」の頭文字をとったものである。読者の多くはご存知かもしれないが、以下簡単に説明する。

「ビジョン」とは、組織が目指す将来の理想の姿を表現し、将来的に「こうなっていたい、こうしたい」という組織や社会の姿を具体的に示したもの。「ミッション」は、組織の存在理由、任務や使命を具体的に明示したもののことである。

ビジョンとミッションは混同されがちで、実際に曖昧に使われることもあるが、簡潔にいえば、ビジョンは「未来」について、ミッションは「現在」について語るものである。

「目的」とは「的《まと》を目指す」の意味で、最終的に到達したい場所、何をめざして組織が存在するのか、何のために事業をするのかを具体的に示すものである。

「戦略」とは、目的に辿り着くための方法やシナリオの大筋をいう。似た言葉に「戦術（Tactics）」があるが、これは戦略の下位概念で実施するためのより具体的な方法やシナリオを示す。

「実施計画」とは、戦略を使って、目的を達成するために実際に実施する際の具体的な計画を指す。どこで、誰が、何をどうするのか、必要な資源をどのように使用するのかを示す。

†バリュー、プリンシプル、社是

「マネジメントの父」と呼ばれるピーター・ドラッカーは「未来の社会における多国籍企業（大企業）の最大の課題は、その社会的正当性を示すことだ」と言い、そのために「ビジョン、ミッション、バリューが必要だ」と述べている（Peter F. Drucker, *Managing in the Next Society: Lessons from the Renown Thinker and Writer on Corporate Management*, Truman Tally Books, Reprint, 2007）。

「バリュー」とは価値、価値基準、姿勢ともいわれ、組織の一人ひとりが持つべき考え方・姿勢・態度として明示したメッセージである。「ミッション」と「バリュー」は対で語られることがあるが、ミッションの主語が組織全体であるのに対して、バリューの主語は社員一人ひとりであり、「バリュー」を設定して社員のあるべき姿勢や行動を明示することで、組織の「ミッション」をより効果的に実現できる。

さらに「プリンシプル」を設定する組織もある。これは原則、行動・判断基準ともいわれ、組織の構成員がばらばらに動かないように、明確化し、組織内で共有して浸透させることで、組織の結束を強めるものである。

「VMOSA」と敢えて横文字を使わずとも、日本の会社には社是《しゃぜ》、社訓、経営理念、経営方針などと呼ばれるものがある。

「社是」は「会社が是《ぜ》（正しい）とする方針」であり、会社の経営上の方針や主張を示し、社訓は「社員が守るべき会社の理念・心構え」を示したもので、社是と社訓の違いは、主語が会社と社員のどちらであるかにある。また、社是は社員だけでなく対外的に示すもの、社訓は従業員に向けたものという違いもある。

「経営理念」は、企業活動をする上での基本的な考え方や価値観のことで、どのような目的で何のために経営しているのかを示す。経営理念と社是、ミッションは似たような意味で使われることもある。

「経営方針」は、経営が向かっていく方向を示すコンパスのようなものである。

日本には三〇〇年以上続いている企業が約七〇〇社あり、なかでも日本最古の企業は飛鳥時代の五七八年創業の金剛組《こんごうぐみ》という会社である。これらの企業の共通点は、明確な使命やビジョンをもつことで、経営指針や社訓・家訓が口述を含めて代々伝えられていたという。

†グローバルファンドの「ビジョン」と「ミッション」

「私が初めてグローバルファンドの構想を話したとき、〝あなたは夢想家だ〟とみんなが言った。そう、私は夢が大好きだ。すべては夢から始まるからね。」

前出の故コフィ・アナン氏は、よく昔を回想しながら懐かしく話していた。彼の夢は周りをも突き動かし、やがて多くの人が同じ夢を見るようになった。

さらに彼は夢想に留まらず、明確なビジョンを描いて多くの人々に伝えた。「エイズとの闘いは自分の優先課題」と明言し、闘いに勝つための「闘争資金」の必要性、さらに「革新的なパートナーシップ」の必要性を説いて回った。

私たちは、その夢を実現するために、みんなでビジョンやミッション、バリューやプリンシプルなどを文書化していった。グローバルファンドのビジョン、ミッション、バリューは、以下の通り、とても単純明快なものである。

ビジョン：すべての人々がより健康で、エイズ、結核、マラリアによる疾病負担のない世界

ミッション：HIV、結核、マラリアによる感染症流行を終息させ、SDGs達成を支援するため、追加資金を引き寄せ、分配し、活用する

バリュー：誠実さ、尊敬、情熱、協力、革新、効果

これらを見て、読者の方々はどう感じるだろうか。「最強の国際機関」にふさわしいものと

いえるだろうか。

卓越した企業とは何か、どうすれば「良い（good）」ではなく「偉大な（great）」「最高の中の最高」「先見的な」企業になれるのか、という質問に対する答えが満載の本がある。『ビジョナリー・カンパニー――時代を超える生存の原則』（ジェームズ・C・コリンズ、ジェリー・I・ポラス著、日経BP出版センター、一九九五年）である。

「真に卓越した企業と、それ以外の企業との違いはどこにあるのか」をテーマに、その答えを莫大なデータと共に六年の歳月をかけて分析・議論して導き出したこの本は、営利であれ非営利であれ、最強の組織を作るにはどうしたらよいか、について多くの示唆を与えてくれる。

これは『フォーチュン』誌などの企業ランキングに入る優良企業七〇〇社のCEOが選んだ「ビジョナリー（先見的）な企業」一八社（フォード、ウォルト・ディズニー、ゼネラル・エレクトリック、ソニーなど）、いわば「最強の企業」について、組織体制、社風、施設、技術、リーダーシップ、製品・サービス、ビジョン、財務分析、市場と環境の九つの側面から分析して、そこに様々な法則を見いだしたものである。

その一つが次のようなものだ。

ビジョナリー・カンパニーであるための基本的価値観に、「正解」と言えるものはない。

ビジョナリー・カンパニーのうち二社をとってみると、対照的とも言えるほど理念が違っているケースもある。（中略）決定的な点は、理念の内容ではなく、理念をいかに深く「信じて」いるか、そして、会社の一挙一動に、いかに一貫して理念が実践され、息づき、現れているかだ（同上書、一二一〜一二三頁）。

例えば、アマゾンのビジョンとミッションは以下の通り。

ビジョン：お客様がオンラインで求めるあらゆるものを検索し、発見することのできる、地球上で最もお客様を大切にする企業である
ミッション：我々は可能な限りの低価格で、最も選り抜きで、最も便利なサービスをカスタマーに提供するよう努力する

そして、グーグルのビジョン・ミッションは以下の通り。

ビジョン：ワンクリックで世界の情報へのアクセスを提供する
ミッション：世界中の情報を整理し、世界の人々がアクセスできて使えるようにする

確かに、ジェームズ・コリンズが結論づける通り、グローバルファンド、アマゾン、グーグルのビジョンやミッションはあまりにも違いすぎて、どれがよいかという判断はできそうもない。では、どうやったらビジョンやミッションを組織の一人ひとりに深く信じさせ、組織の一挙一動に一貫して実践させることができるのだろうか。

†「ビジョン」と「ミッション」の理解と共有

グローバルファンドの例を挙げよう。

この組織は「二一世紀型パートナーシップ」とも呼ばれるように、「組織に所属する人」を明確に規定することが難しい。

事務局はジュネーブにあり、他のパートナーである四つの国際機関とともに、「グローバル・ヘルス・キャンパス（GHC）」と呼ばれる共同ビルで約七五〇人が働いているが、その職員はグローバルファンドというパートナーシップ・メカニズムを機能させるためのサポート役で、自らを給仕役、サーバントと呼ぶこともある。

このパートナーシップは世界約一四〇カ国に及び、低中所得の実施国政府から市民社会、当事者組織、先進国政府から民間セクター、国際機関・国際NGOまで含め、約三〇〇〇の機関・組織・団体とパートナーシップを組み、数万人、またはそれ以上の人々がグローバルファンドの事業に関わっている。

このパートナーシップ・メカニズムに属するすべての人々に、グローバルファンドのビジョンやミッションを深く信じてもらい、一貫して実践してもらうことは困難だが不可能ではない。そのためにまず始めるべきことは、ビジョン・ミッションが真に何を意味するのか、その言葉を紐解き、その意義を確認し、共通の理解を深めることだ。組織の幹部だけがそれをわかっていても、組織に属する人々が言葉の表面しか理解していなければ、具体的な実践にもつながらないのである。

ビジョンにある「疾病負担のない世界」とは具体的にどのような状況なのか、疾病負担、それに使う指標、ベースラインの数値、現在までの推移、今後の達成目標、その期限は何なのか、最終的にはそれは戦略や目標などにつながることなのだが、そのすべてを最終的には明確に示すことが重要である。

また、ミッションにある「感染症流行を終息させる」についても、具体的にどのような指標を用い、いつまでにどのような目標を設定しているのか、また「ＳＤＧｓ達成を支援する」とは具体的にどのような支援なのか、そのためにいくらの「追加資金」をどのように「引き寄せ」、どのように「分配」「活用」するのか、そうしたすべてを具体的に明示し、パートナーに理解してもらうのである。

専門的なことを話すと、「疾病負担」の数値指標は、患者数、死亡数、薬剤耐性患者数、発生率、死亡率などの中から、それぞれの疾病対策の費用計算に有用な指標を選択し、必要であれば複数の指標を重みづけして算出する。

また、「感染症流行の終息」は、二〇一五年の国連総会で採択された「我々の世界を変革する：持続可能な開発のための二〇三〇アジェンダ」、いわゆるSDGsに含まれている。SDGsの目標三は「あらゆる年齢のすべての人々の健康的な生活を確保し、福祉を促進する」という保健と福祉に関する目標だが、この中にある一三の小目標の中の一つが、「二〇三〇年までに、エイズ、結核、マラリア及び顧みられない熱帯病といった感染症の流行を終息させるとともに肝炎、水系感染症及びその他の感染症に対処する」というものである。

感染症対策では、「根絶」「排除」「制圧」に明確な定義を設けて使い分けているが、「感染症流行の終息」とは、公衆衛生の脅威とは感じないレベルに感染症を抑えるという意味である。具体的な指標、数値目標は以下の通りである。

エイズ：二〇三〇年までに

・九五―九五―九五を達成する

これはＨＩＶに感染した人の九五％が検査をして自分がＨＩＶであることを知っている、自分がＨＩＶであることを知っている人の九五％が抗レトロウィルス療法（ＡＲＴ）を受けている、治療を受けている人の九五％が効果を示して血中ウィルス量が抑えられていることを示している。さらに以下のように続く。

・年間の新規ＨＩＶ感染者数を二〇万人以下にする
・エイズ関連死亡を二〇万人以下にする
・ＨＩＶ関連のスティグマと差別をなくす
結核：二〇一五年に比べ、二〇三〇年までに
・死亡を九〇％減少させる
・新規罹患《りかん》率を八〇％減少させる
・結核罹患によって家計が破綻するほどの影響を受ける世帯をゼロにする
マラリア：二〇一五年に比べ、二〇三〇年までに
・罹患者数を少なくとも九〇％減少させる
・死亡率を最低でも九〇％減少させる

・少なくとも三五カ国でマラリアを排除する
・現在マラリアの流行がないすべての国で再流行を防ぐ

SDGsと各感染症で設定されたこのような具体的な国際目標を達成するために、国際機関の中で最大の資金拠出をしているグローバルファンドへの期待は大きい。したがって、ビジョンやミッションを共有するパートナーたちと常に確認し合うことは、「我々は今、ビジョンの実現に向かって軌道に乗っているか」であり「現在やるべきミッションを適切に果たしているか」である。

†「バリュー」を紐解く

ビジョンやミッションは、組織の業務・成果などと直結し、目標を数値で示し、戦略などに落とし込むなどして、組織の一人ひとりに見える形で示すことができるが、バリューや価値観といったものは抽象的でわかりにくく、どうやって組織の構成員に行き渡らせたらよいかわからない、という声もある。

例えば、我々が組織のバリューとしている「誠実さ」をどう測るのか。「尊敬や情熱」というが、どのようなレベルだと尊敬、情熱が足りないのか。

第六章で後述するが、グローバルファンド事務局のスタッフだけでも一一〇カ国以上の異なる国籍をもつ。その文化、宗教、価値観は多様で、それぞれの国や地域で「誠実さ、尊敬、情熱、協力、革新、効果」の意味も期待されるレベルも異なる。

だからこそ、組織として目標に向かって一丸となるには、バリューの意味・意義を紐解いて、共通理解を得ながら、それを実践につなげ、日常的に活用・応用することが重要だ。

我々は、研修や会合など様々な機会を利用して、バリューの一つひとつが何を意味し、日々の活動、業務にどのように活かし、ミッションやビジョンの達成のためにいかに重要なのかをスタッフの間で話し合ってきた。

また、幹部を含むリーダーや管理者に浸透させ、それぞれの部局、チーム、個人に浸透していくように、日常的なマネジメント、業務の中に「文化」として染み込ませていった。さらに、グローバルファンドにとってのバリューの意味や意義を政策や指針に入れ込み、メカニズムやプロセスの中に取り込んでいった。

例えば、「誠実さ」のためには、行動・倫理規範などに反映させる。理事会に倫理統治委員会（EGC）を設け、事務局内には倫理監督官を置き、倫理規範の遵守を徹底させ、助言・指導を行っている。

また、「協力」では、目的を明確化した上で、ワーキンググループやタスクフォース、委員会などを組織内外に設置し、様々なパートナーとの連携・協力も促進する。グローバルファンドでは、部署横断的なタスクやプロジェクトにはマトリックス・マネジメントを組むことも多い。

毎年、個人の年次計画を策定する際にそのタスクを盛り込み、人事評価に関してはマトリックスの管理者にも加わってもらっている。また、人事評価ではチームワークや協力が重要な評価項目の一つで、上司・同僚・部下からの多面評価（三六〇度評価）を受ける。

「革新」については、グローバルファンド自体が「グローバルヘルスにおけるイノベーション」とも呼ばれており、資金調達から投資方法、提供するサービスからそのインパクト評価にいたるまで、現存する方法がベストでなければ、より革新的な方法を積極的に追求する文化がある。また、革新性を求めるプロジェクトやイニシアティブが立ち上がることもよくある。ここでは、革新性は個人評価の一つの項目にもなっている。

†「プリンシプル」を紐解く

組織によっては「プリンシプル（行動規範・原則）」を掲げ、その徹底を遵守しているところもある。

世界的なベストセラーである『完訳 7つの習慣――人格主義の回復』（スティーブン・R・

コヴィー著、キングベアー出版、二〇一三年）でも、個人と組織との違いはあれ、「原則」に従って生きることの重要性が述べられている。成功に導くための第二の習慣として、自分の人生の終わりを思い描き、そのときに弔問客に語ってもらいたい、なりたい自分の姿を思い描きながら「ミッションステートメント」を書く。それを念頭に置きながら今日という一日を始めることを薦めているが、そこで土台となるのがバリューとプリンシプルだという。

コヴィーは、バリューを主観的で変わるもの、プリンシプルを客観的で不変なもの、と区別しているが、日本の組織ではバリューとプリンシプル、価値と行動原則・規範を必ずしも明確に区別せず、同義や曖昧に使っているケースも多い。

ちなみにグローバルファンドでは、バリューはスタッフやパートナーなどの構成員がもつべき組織文化として内向きに発せられるメッセージで、プリンシプルは各国で資金提供を受けて事業を行うパートナーを含む外部に発せられるメッセージともいえる。

グローバルファンドの基本原則は、「パートナーシップ」「実施国の主体性」「パフォーマンスに基づく資金供与」「透明性」だが、その原則の応用の仕方は様々な政策・指針・ガイドラインなどに記され、またプロセスなどに取り入れられている。

「パートナーシップ」については第三章で詳述する。

「実施国の主体性」はわかり切ったような原則だが、実践はそう簡単ではない。オーナーシップには「所有者」「責任感」「当事者意識」などの意味があるが、途上国の経済・社会発展のために先進国が「押し付け」の援助を行い、開発途上国も「受け身」になってしまうことも多々ある。そのため、開発途上国自身が当事者意識と責任をもって、主体的に開発を推進するのが、最も重要である。

国の発展を車の運転に喩えると、この主体性とは、助手席から援助を受けながらも、途上国側が運転席に座って自ら運転することである。もちろん、それでうまく運転できる人もいるが、中には運転中に居眠りしたり、まったく運転する気がなかったりする人もいる。

グローバルファンドでは、この原則に従い、開発途上国自身が事業計画や実施、データ収集やその分析・活用などができるような技術支援、人材育成などを積極的に行っている。国が無政府状態である場合、またはガバナンスが弱く、主体性を実質的に期待できないような場合に限り、国連機関や国際NGOなどに事業管理や実施を任せている。

「パフォーマンスに基づいた資金供与」は、過去に多くの援助機関が、事業のパフォーマンスが悪く、成果が出なくとも援助を続けてきたことへの反省である。グローバルファンドでは各国の事業や責任をもつ実施組織のパフォーマンスを測り、それが低ければ資金をカットするなどの措置を行い、問題を探り、解決方法を検討して実施するという方針をとってきた。

パフォーマンスを重視する姿勢は、グローバルファンドの創設以来一貫しているが、この原則の適用については改正を加えている。なぜなら、パフォーマンスの低さに対して、罰として資金を減らしても、必ずしもパフォーマンスが改善しないからである。結果が出ない主要な理由の一つは、国の容量（Capacity）と能力（Capability）の不足である。国の人材の量と質、ガバナンスや制度、機構などの未整備、これらが改善・強化されず、ただ資金を減らしても結果が出てくることはない。むしろ、パフォーマンスを改善するための中長期的措置を考えながら、そのロードマップに沿って支援することが重要である。

「透明性」とは、組織の状況、意思決定、取り組み、また事業の計画・実施・成果などに関する情報を、時宜にかなった信頼できる形で、内部または外部から見えやすく、利用しやすくすることだ。これは営利・非営利を問わず、健全で信頼性のある、効果的な組織を醸成・維持するための重要な原則である。

しかし、本来公開すべきだがしていなかった部分（例えば、業務プロセス、役割分担、業績、成果など）については「見える化」を推進する組織は増えてきたが、あまり外部には出したくない部分（例えば、監査報告書、評価報告書など）については、未だにその開示に消極的な組織は少なくない。

グローバルファンドは援助の申請や決定、事業の評価や結果、ガバナンスなど、すべての業務において透明度を高める努力をしてきた。特に、グローバルファンドは最も厳密な独立した監査システムをもち、不正を積極的に追跡・公開してきた。それが裏目に出たこともある（第四章で後述する）が、その透明性に対する外部評価はとても高い。

特に、一八のドナー国が参加して共同で援助機関の評価を実施している「国際機関評価ネットワーク（MOPAN）」は、グローバルファンドに「財務透明性と説明責任」の項目で最高評価を与えた。さらに、透明性の提唱と測定を行う非営利組織「Publish What You Fund」が発表する援助透明性インデックスでも、二〇一六年に四六の援助機関中五位となり、その後も上位にランクされている。オランダ、オーストラリアなどによる国際援助機関に対する評価でも、グローバルファンドの透明性は最高レベルの評価を得た。

2　目標と戦略、実施計画

†野心的だが現実的な目標設定

これらのビジョンやミッションを具現化するために必要なのが、より具体的な「目的」と「戦略」、そして「実施計画」である。

目的と目標、似た用語だが、成功するリーダーはこの違いを理解し使い分けている。目的は

「何のために事業を行うのか」というミッション・存在意義を具体化したもので、目標はその目的の達成のための道標《みちしるべ》として掲げるもの。「素晴らしい商品を売って人々の暮らしを豊かにする」という目的と「月に一万個の商品を売る」という目標の区別がつかないリーダーは、後者だけを部下に追い求めさせ、会社のミッションを見失わせることになる。

我々が国際的に使うのは、Objective、Goal、Target、Milestone という用語で、Objective は上記の「目的」と同様、ビジョンをより具体的に記述したもの、「ゴール」は組織がめざしている到達点、「ターゲット」はそのために何をいつまでにどうすればよいのか、達成目標を数値などで示したもの、「マイルストーン」は途中経過の節目として、達成しておきたい数値目標や産出すべき成果物などを示したものである。ちなみにマイルストーンとは英語で「道路に一マイルごとに置かれている標石」のことで、日本でいうと一里塚のようなものである。

日本と欧米ではこの目標設定に関して意識のずれがあると言われる。

日本では以前、目標設定やそのための戦略などは作らず、「不言実行型」で現状からコツコツと積み上げる手法が主流だった。期限付きの数値目標を見て「できなければ誰が責任をとるのか」「そんな目標はただの絵に描いた餅だ」などと批判的に捉えられていた時期もある。

逆に、目標設定や成果主義が当たり前になってからは、「社員に挑戦と刺激を与えるために目標は高いレベルに設定すべき」と非現実的な目標設定をする組織も多かった。これには「ストレッチ目標」と「無茶な目標」があり、成長する企業となるか、ブラック企業となるか、その目標設定と管理者の考え方や姿勢で大きな違いが出るといわれている。ビジョンとミッション達成のため、価値や原則を基盤として着実また健全に前進するには、「野心的だが現実的」な目標設定が必要だ。

重要なのはできるだけロジックやエビデンスを使って、妥当で適切なデータや情報を用いて推計し議論することである。例えば、売り上げ目標を決めるのに、前年度比や他社のデータ、または管理者の希望のみで決めると「無茶な目標」ができあがり、市場サイズやシェア、顧客の意識・行動の趨勢などのデータを用いて決めると「ストレッチ目標」または「野心的だが現実的な目標」ができあがる。

松下幸之助は過去に「三％のコストダウンは難しいが、三割のコストダウンはすぐできる」と語ったという。これは今までの延長線上で物事を処理するのでは現実的な目標でも難しく見えるが、野心的な目標でも発想を根本から考え直して、深く考えて行動すれば不可能ではないということのようだ。

したがって、目標設定は社会のニーズや趨勢を見ながら、資源をどのように投入・活用して、どのような製造や活動という過程を経て、製品・商品・サービスを生むか、そこから利益や成果を出し、人々の生活の質を高めるなど、いかなる社会への影響を与えるか、という一連の流れを見直すのにとてもいい機会である。

後述するが、これを「ロジックモデル」「リザルトチェーン」「インパクトチェーン」などと呼び、目標設定から実施計画、リスク管理からイノベーションの開拓にいたるまで、常に一連の流れやその結びつきを見直すことが重要である。

具体的なゴールとターゲットを設定したら、「バックキャスティング」をしてマイルストーンを設定すると、目標までの道のりがより見えやすく、途中での活動の見直しや軌道修正に役立つ。「バックキャスティング」とは「後ろに竿を振る」という意味で、達成したい目標を起点に現在を振り返り、そして途中で何をすべきかを考え、マイルストーンを設定する方法である。この思考法はもともとスウェーデンの軍隊が開発したというが、野心的だが現実的な目標の達成のため、近年では国際機関のみならず、NPOや民間企業の間でもこの「バックキャスティング」が注目されてきている。

†持続可能な開発目標SDGs

読者の中にはご存知の方も多いので説明は不要かもしれないが、近年、国際社会や各国政府・公的機関のみならず、民間企業や市民社会も注目し、社会の共通の目的として取り組んでいるのが「持続可能な開発目標（SDGs）」である。

二〇一五年九月の国連サミットで採択され、世界一九三カ国が二〇一六〜三〇年の一五年間で達成するために掲げた目標で、一七の目標と、それらを達成するための具体的な一六九のターゲット、そして二三二の指標で構成されている。

開発途上国のみならず、近年では先進国でも社会格差が広がり、取り残された人々の貧困や教育・雇用問題など、新たな社会課題が顕在化している。こうしたすべての国・地域の人々を含めた普遍的な問題、さらにエネルギー、都市インフラ、ライフスタイルなど新たな課題を包括する目標としてSDGsは生まれた。

途上国か先進国か、経済成長か環境保全か、といった二項対立ではない。経済の成長も、社会の安定も、環境の保全もすべてはつながっている。したがって、これらを同時に実現していくために、まずは大きな理想を描き、目標達成のために各々の責任と役割を明確化して行動していくための「道しるべ」として国際社会が合意したもの、それがSDGsである。

一七の目標として、目標一から六が、貧困、飢餓、健康、教育、ジェンダー、水など、人間が生きていくための基本的なニーズを満たす「社会」目標。目標七から一一は、エネルギー、雇用・経済成長、技術・インフラ、格差・不平等、持続可能な都市など、先進国にもなじみの深い課題や「経済」の持続可能性を取り入れた目標群。目標一二から一五は、生産と消費、気候変動、海洋資源、生物多様性など「環境」の持続可能性に関する目標。さらに目標一六の平和・正義、目標一七のパートナーシップは、他の目標達成に欠くことのできない基礎的な要件として最後に位置づけられている。

このSDGsは、日本を含む先進国の政府、地方公共団体、公的機関、民間企業、そして個人までが自らの目標として、それぞれの役割や責任を考え、行動できる有効な手段として注目されている。

特に企業においては、社会的責任としてSDGsに貢献するのみならず、SDGsの課題解決が事業機会をも生み出すと考えられている。また、最近では持続可能性を意識した経営を行っている企業を優先的な投資対象にしようという動きが世界的な潮流となってきた。

これは、ESG投資と呼ばれ、「環境・社会・ガバナンス」に配慮した事業運営を行っている企業に、投資家からの支援が向けられている側面と、新たなビジネスチャンスが広がっている側面がある。そのため、世界中の企業はSDGsを「与えられた目標」でなく、「大きなビジネスチャンス」として捉え、新たな事業運営を実行していくべきとも考えられている。

日本でもSDGsに積極的に取り組む企業が増え、次のように関連したターゲットを設定している企業もある。

LIXIL：二〇三〇年までに、技術革新による低炭素・節水といった「製品・サービスによる環境貢献」が、原材料調達から製造、製品の使用と廃棄などサプライチェーン全体の「事業活動による環境負荷」を超える「環境負荷ネットゼロ（±ゼロ）」を実現する。そのために、事業活動による環境負荷として、CO2排出量を、二〇三〇年までに二〇一五年度比で三〇％以上削減する。製品・サービスによる環境貢献として、CO2削減貢献量を、二〇三〇年までに二〇一五年度比で二・五倍以上にする。

†戦略と実施計画

ドラッカーは「事業の定義を現実の成果に結びつけるものが経営戦略である。経営戦略の目的は、組織をして、その望む成果を上げさせることである」と伝えている（『明日を支配するもの』ダイヤモンド社、一九九九）。

その望む成果を上げさせるには、リザルトチェーンの中で、インプットとしていかに資源を入手するか、活用するか、それをアウトプットとして製品やサービスなどに変えていくか、さらにアウトカムとして収益や成果へとつなげていくか、最終的にインパクトとして社会に影響を与えていくかなど、すべての過程をしっかり検討した上でどこにどのような戦略を設定する必要があるかを決めておく必要がある。

戦略にも様々なものがあり、経営や事業に関わる戦略、また組織の機構や人事に関わる戦略、中長期戦略、短期戦略などがあるが、それぞれの組織の事業の種類や規模により、戦略が必要なのか、その場合、どのような戦略をどのように策定するかの手段も考えなければならない。

これまで私は様々な組織で戦略作りに関わってきたが、苦労や時間の割に役に立たなかったものもあり、マッキンゼーなどのプロ集団を雇って作ったものの、その費用に見合わない結果となったこともある。

また、活動・実施計画はリザルトチェーンのすべての過程で、その組織・事業に関わる活動をしっかり同定した上で、ルーチンとしてなすべきもの、ある期間に結果を出さなければならないものなどを明確化し、部局・チーム・個人の順で、それぞれが果たすべき責任や役割を割り当てる必要がある。

ドラッカーは「戦略計画は魔法の箱や手法の束ではない。思考であり、資源を行動に結びつけるものである。思考、分析、想像、判断を適用することで、手法ではなく、責任である」と言っているが、具体的な活動・実施計画の段階で、組織内、チーム間の徹底した思考・分析が必要で、連携・協力の方法、リスク管理の適用も含めて、計画に落とし込まなければならない。

3　グローバルファンドの目標と戦略

†グローバルファンドの戦略目標

グローバルファンドの戦略と目標を設定する上で、国際目標の達成のためにグローバルファンドに期待されている責任と役割は何なのか、そのためにどれほどの能力と可能性があるのかを明らかにすることが必要であった。

課題が大きく、それに関与するステークホルダーが多くなればなるほど、責任と役割が不明瞭になりやすい。特にグローバルな課題に関しては、口ではもっともらしいことを言うが自らの貢献、責任と役割を明示して行動する政府・機関・組織は必ずしも多くない。

グローバルファンドは特に、世界における感染症との闘いの資金調達、その効果的・効率的活用という重要な使命をもつため、その戦略の良し悪しが国際目標達成の可否に直接影響してくる。

目標設定については後述するが、増資に向けてどれだけ資金調達が必要かを割り出すための投資計画を立て、それに沿って、実際に調達できた資金を基に目標を設定している。グローバルファンドでは三年ごとに資金調達を行うため、それを基にして各国の事業サイクル（資金配分、事業計画、申請、実施、報告）も三年間とし、戦略は事業サイクル二回分の六カ年で策定している。

二〇一七〜二二年の六カ年では一三〇億ドルの資金調達をめざし、一三〇カ国以上で感染症対策事業を支援し、一〇〇〇万人の死亡を減少させ、一億八〇〇〇万人の感染を予防し、二〇一五〜二二年の間に新規感染者数を三八％減少させるというインパクト目標を設定した。

これらの目標を達成するためには、死亡や感染を防ぐための有効なサービスを拡大する必要がある。一方で、このインパクトを直接測るのは簡単ではないので、これらのサービスの普及を目標達成のための成果指標として用いている。その成果目標は以下の通りである。

ＨＩＶの成果指標
・抗レトロウィルス療法（ＡＲＴ）治療を受けている人数
・自発的医学的男性包茎手術（ＶＭＭＣ）を受けた人数
・母子感染予防のためにＡＲＴを受けているＨＩＶ陽性の妊婦の割合（％）
・ＡＲＴを受けているＨＩＶ陽性者の割合（％）
・検査を受け自分がＨＩＶに感染していることを知っている人の割合（％）

・ARTを開始してから一二カ月後にも治療を継続しているHIV陽性者の割合（%）
・新規にケアを受けるHIV陽性者で結核の予防的治療を始めた人の割合（%）
結核の成果指標
・報告された結核患者数
・推定結核患者数に対する報告された結核患者数の割合（%）
・第二選択薬を開始した薬剤耐性結核患者数
・結核治療中にARTが開始されたHIV陽性の結核患者数
・登録された薬剤感受性結核患者のうち、治療が成功した割合（%）
・登録された薬剤耐性結核患者のうち、治療が成功した割合（%）
マラリアの成果目標
・リスクのある地域で配布された長期残効殺虫剤処理蚊帳《かや》（LLIN）の数
・屋内残効殺虫剤散布を受けた対象地域の世帯数
・寄生虫学的検査を受けたマラリアの疑いの割合（%）
・前回の妊娠中に産前健診で間欠的予防的治療を少なくとも三回受けた女性の割合（%）
二〇一七〜二二年の六カ年戦略として、次のような四つの戦略目標と二一の小目標を設定している。

†四つの戦略目標

戦略目標1：三大感染症対策による成果を最大化する

a）高い疾病負担と低い経済力を持つ国、三大感染症の感染率が不相応に高いキーポピュレーション（KP）および脆弱な人口集団に焦点を当てた、エビデンスに基づく介入を拡大する

b）各国のニーズに基づいて異なった革新的アプローチを実施するなど、より高いインパクトを生むように配分モデルとプロセスを進化させる

c）インパクト、効果、リスク分析、バリュー・フォー・マネー（VfM）を考慮してグラント実施の成功を支援する

d）イノベーション、柔軟性、パートナーシップを通じて、事業実施が困難な状況（COE）での効果を改善する

e）感染症のコントロールと自立への移行の成功に向けて、持続可能な対策事業を支援する

戦略目標2：強靭で持続可能な保健システムを構築する

a）コミュニティの対応とシステムを強化する
b）生殖、女性、子ども、思春期に関わる保健医療と、それらを含めた三大感染症のサービスを統合するためのプラットフォームを支援する
c）世界また国レベルでの物資調達とサプライチェーン・システムを強化する
d）保健医療人材育成への重要な投資にレバレッジをかける
e）保健医療情報システムとその分析・活用のための国の能力を強化する
f）各国の国家保健戦略と疾病戦略計画を強化し、それらと事業を連動させる
g）財務管理とその監視を強化する

戦略目標3：人権擁護とジェンダー平等を推進する
a）性と生殖に関する健康と権利の促進事業を含め、女性と女子への支援事業を拡大する
b）ジェンダーや年齢に関する格差を含め、健康格差の低減に投資する
c）三大感染症対策へのアクセスを阻む人権問題を取り除くための事業を導入・拡大する
d）資金供与のすべてのサイクルを通じて、また政策や政策づくりの過程において、人権に関わる配慮を加える
e）すべての過程において、キーポピュレーションおよび脆弱な人口集団とそのネットワー

クが意義のある参画ができるよう支援する

戦略目標4：より多くの資源を動員する

a）既存また新規の公的・民間財源から追加的な資金および事業への資源を導引する

b）既存の資金をより有効に活用し、国内資金の増強に向けて実施国を支援する

c）安価で質の保証された医薬品やテクノロジーを入手しやすくなるような市場協創を促進しパートナーと協働する

d）イノベーションの活性化を支援し、費用効果の高い保健医療テクノロジーとその実施モデルの迅速な導入と拡大を促す

†成果・インパクトを生む（戦略目標1）

グローバルファンドでは、限られた資源を効率的・効果的に活用して、よりよい成果・インパクトを狙うために五つの小目標を設定している。

大きな課題を扱うときには、「森を見ながら木を見る」ことが重要である。課題の大きさ、広がり、深さなどを大局的に観ながら、それがどのような木から発生し、問題は集中しているのか、分散しているのか、どのような影響を与え合いながら、また関係性をもちながら、森全

写真５　エイズになった注射薬物使用者に寄り添う地域保健ワーカー

体に広がっているのかなどを診断しながら、対策を考えるのである。

　世界全体を見ると、疾病負担はＨＩＶとともに生きる人々が七〇〇〇万人以上もいる国から、一〇〇〇人にも満たない国まで大きな差がある。パレートの法則ではないが、ＨＩＶ、結核、マラリアとも世界の約二〇％の国々で世界全体の約八〇％の死亡や感染が発生している。

　また、低中所得国の経済力を見ると、大まかにいえば、一人当たりの平均月給が六〇〇〇円程度の国から一〇万円を超える国まで幅広く、自国の資金では対策ができない国と、自国の資金である程度の対策は実施できるが流行を抑えるには不十分という国まで様々である。

　したがって、三大感染症が流行している一三〇ヵ国以上の低中所得国に、均等に支援するのでなく、疾病負担が大きく、経済力が低い国により多くの資源が配分され、感染リスクの高い社会集団、社会で取り残されている人々にサービスが行き渡るような戦略となっている。感染リスクが高く、また感染流行および対策のカギとなっている社会集団をキーポピュレーション（KP）と呼んでいる。

写真6　ホースで水を流しながら金塊を探す探鉱者たち。熱帯雨林で寝泊まりするため、マラリアにかかり、家族や地域に感染を広げることがある。

例えば、HIVにおいては、男女含めて性産業に従事する人とその客、男性とセックスをする男性（MSM）、トランスジェンダー（特に、男性として生まれて女性となった人々）、注射薬物使用者など。結核においては、HIV感染者、難民・避難民、季節労働者・移住者、刑務所に収監された人々、ホームレスやスラム居住者、鉱山で働く人々など。マラリアにおいては、マラリア原虫を媒介する蚊が生息する農村や漁村に住む人々、ゴム農園の労働者などマラリアを媒介する蚊が刺す時間に労働や生活を余儀なくされる人々、そして難民・避難民などである。（写真5、6）

国によってその流行状況は異なるが、性産業に従事する人々、注射薬物使用者、MSMは、HIVに感染する確率が一般人口に比べ、それぞれ一三倍、二二倍、二八倍も高いともいわれる。

また、グローバルファンドでは様々な革新的アプローチを導入・拡大している。これは研究開発された新たな診断技術・新薬だけではなく、サービス提供、人材育成、サプライチェーンなどによる効果的・効率的な画期的アプローチをも含んでいる。

例えば、マラリアにかかった妊婦は貧血となり、分娩時出血で死亡することが多い。そのため輸血が必要だが、途上国では道路が整備されていないため、輸血パックが到着する前に妊婦の命が失われることもある。これに対して、病院がスマートフォンのSMSやメッセージアプリ「WhatsApp」で必要な輸血パックをオーダーし、それを受けた血液センターがドローンを使って病院まで空輸するというイノベーションも導入されている。車で走って数時間要していた場所に、一五分で血液が届けられるのである。まさに革新的である。

VfMについては第五章で述べる。

さらに、世界には「事業実施が困難な状況（COE＝Challenging Operating Environments）」にある国や地域がある。脆弱国や失敗国とも呼ばれ、主権国家としての体制が適切に機能せず、内戦や政治の腐敗などにより、国民に適切な公共サービスを提供できない国家のことである。

これには二五年以上の内戦で未だに統一国家を樹立できずにいるソマリア、長年の内戦の後、エボラ熱の流行で打撃を受けたシエラレオネ、五〇〇万人近い難民が周辺国に流出したシリアなど、現在二〇カ国をCOEに指定している。基本原則である「国の主体性」を期待できず、基本的な社会基盤、公的サービス、人材、頼れる国連機関やNGO・市民社会などが不足する中で、結果を出すには特別の措置が必要。それを「COE指針」として設けている。

COEや最貧国とは対照的に、あと数年で援助から卒業できそうな中所得国もある。これを「移行準備国」と呼んでいる。ちなみに、これらの国別分類は、毎年世界銀行が発表する一人当たり国民総所得（GNI）に基づき、中所得国は一人当たりGNIが九九六〜一万二〇五五ドル、それより下であれば低所得国、それを超えると高所得国と呼ばれる。大まかな目安では、日本円（一ドル一一〇円換算）にして国の平均月収が九〇〇〇円以下なら低所得国、月収一一万円を超えると高所得国、その間であれば中所得国である。二〇一九年二月時点で、低所得国は三四カ国、中所得国は一〇三カ国を数える。

移行国は経済的には豊かになりつつある国なので、感染症対策も自国で賄えるようになるとのイメージがあるが、実はこれらの国には問題が山積みである。というのも、政府の力が強い一方で、人権を無視する、サービスの質が劣悪であるなどの問題があり、KPの間で新規感染が増え、薬剤が効かなくなる薬剤耐性の患者も増えているのである。例えば、過去数年間でHIVの新規感染が増えている国のほとんどは移行国であり、東欧・中央アジアの移行国の中には結核新規患者の二割以上、中には四割が薬剤耐性という国もある。

したがって、これらの国々には自国の国内資金を増やして感染症対策に向けてもらうとともに、KPの人権に対する配慮やサービスの質の向上などへの緊急の対策が必要となる。

グローバルファンドではこのような移行国への支援を含め、将来の自立に向けてすべての国が持続可能性を高めるため「持続性・移行・共同資金政策（STC政策）」を実施している。

†強靱で持続可能な保健システム強化を支援する（戦略目標2）

各国の保健医療システムを強靱で持続可能なものにするための戦略もある。

これは国が災害や紛争など国内外の問題が発生しても、迅速に対応し回復できる強靱さをもち、援助から自立しても持続的に保健システムが機能していくことを目的としている。また、これは保健分野だけのシステムではなく、保健分野に貢献するあらゆるシステムであり、マルチセクターの連携・協力の重要性も包含している。

この戦略の七つの小目標は、この戦略目標を具現化するための重要な要素である。

「コミュニティの対応とシステムを強化する」という小目標の中の「コミュニティ」には二つの意味がある。一つは地域社会、もう一つは共通点や共同体意識、ネットワークをもつ社会集団である。

前者に対しては、診療所、地域保健ワーカーや住民などが主体となって、住民の健康問題に対応し、そのためのシステムを強化する様々な方法がある。後者では、人権が侵害され、または見過ごされて、公的なサービスを受けられない社会集団もいるため、行政区域としての地域とは違ったアプローチ、市民社会や当事者組織などを通じた支援、そのためのシステムを強化する必要がある。

「生殖、女性、子ども、思春期に関わる保健医療と、それらを含めた三大感染症のサービスを統合するためのプラットフォームを支援する」という戦略は、多くの開発途上国で、生殖や性、母子、思春期に関わる保健医療問題と感染症問題が絡み合っているため、それらのサービスとの連携・統合を図り、効率と効果を向上させようというものである。

「サプライチェーン・システム」とは、医薬品、検査機器、迅速診断薬、長期残効殺虫剤処理などの予防・診断・治療のための物品・資機材を調達し、現場まで送り届ける物流システムである。このシステムが脆弱であると、必要な医薬品が末端の医療機関に届かない、使用期限を超えて倉庫に保管されている、温度管理が不十分なため、保管中に医薬品などの質が劣化してしまうなどの問題が生じる。そのため、このサプライチェーン・システム強化はグローバルファンドの成果に直結する。

「保健医療人材」は、保健省の疾病対策担当者から病院・診療所、地域の保健医療人材まで、様々で、その活動や育成・強化への支援には莫大な予算が必要である。レバレッジをかけるとは、グローバルファンドの直接投資だけでなく、人材育成の戦略作りや長期的な人材計画なども含めて、政府や他の援助機関と連携・協力していくことを意味する。

「保健医療情報システム」とは、感染症のみならず、その国の主要な疾病がどのような地域で、どのような人口・社会集団に発生し、それが増えているのか減っているのか、などを示す情報で、それを国が体系的に集め、分析し、タイムリーに活用するためのシステム強化を支援している。

「各国の国家保健戦略と疾病戦略計画」は、多くの国で策定されているが、時に「こうありたい」とのビジョンや目標は記されているものの、限られた資源をどこにどのように配分するか、現状を考えた上での優先順位付けも、費用分析もなく、具体的な予算計画すら作られていない国もある。これらの戦略や計画の改善に対する支援と、それに則してグローバルファンドの事業を計画実施することの重要性を明記した戦略である。

†人権擁護とジェンダー平等を推進する（戦略目標3）

感染症が拡大する背景に、ジェンダーや人権の問題がある。

例えば東部・南部アフリカには、一〇代から二〇代の思春期の女子や若い女性が、同じ世代の男性に比べて八倍以上もＨＩＶにかかりやすく、新たな感染者の八〇％が若い女性で占められている国もある。

その原因として、この世代の女性が時に二〇以上も歳の離れた男性から性暴力を受け、また金銭や物品の授受によって性行為をするためである。この地域ではＨＩＶ有病率が高く、女性への暴力や貧困が蔓延している。男性優位の社会で、女性の教育レベル、経済力、社会的地位は低い。さらに、ＨＩＶに感染しても、この世代の女性には検査や治療のサービスが届きにくい。

ＨＩＶには偏見・差別が付きまとい、ＫＰに対する様々な人権問題がある。

例えば、性産業は世界最古の職業ともいわれ、多くの国に存在するが、それに対する取り締まりや刑罰は厳しくとも、ＨＩＶ対策をしてこなかった国では感染が爆発的に拡大した。取り締まりを恐れて性産業は地下に潜るため、ＨＩＶ予防啓発や検査・治療などのサービスが届かなくなるのである。

私が一九九〇年代にＨＩＶ調査や対策に関わったとき、「うちの国には性産業従事者はいない、エイズ患者もいない」と胸を張って言う政府高官がいる国がいくつかあった。そんな国に限って、ホテルのバーには魅惑的な化粧と服に身を包んだ女性がたむろしていた。

また、同性同士の性行為を犯罪とみなす法律をもつ国が世界に七〇カ国以上、中にはそうした行為が死刑になる国もある。どんな国にも性的マイノリティと呼ばれるＬＧＢＴが一定の割合で存在し、日本でも国立社会保障・人口問題研究所の調査結果によると人口の約三％、四〇〇万人近く存在すると考えられている。世界の様々な国における調査によると、MSMやトランスジェンダーの女性（生まれたときには男性として割りあてられたが自分では女性と認識）は、HIVに感染するリスクが高いといわれているが、差別・偏見によってHIVサービスへのアクセスが阻害されることが少なくない。

また、ヘロインなどの薬物を注射する場合、針を交換しないで仲間内で打ちまわすことで、HIVに感染する確率が極めて高い。しかし、この使用者を取り締まり、刑罰を与えるものの、適切なHIV対策をしていない国が多い。厳しい法律と熱心な取り締まりのため、薬物使用者は人目を避け、同時に医療・福祉サービスも避けて過ごすため、感染による死亡率は高く、感染拡大にもつながる。

戦略目標3は、このような人権やジェンダーに関連する問題や国を同定し、そこに資金を投資し、エビデンスに基づいた介入を導入・拡大することにより、新規感染や死亡の低減につなげていくものである。

†資源を動員する（戦略目標4）

「資源を動員する戦略」は、グローバルファンドを基金として機能させるための重要な戦略である。

図3は世界の保健分野への開発援助額の推移であるが、二〇〇〇年から二〇一〇年まで、年間一〇%以上増加していた援助は、二〇一〇年以降、増加率は年二%にも満たず、現在は三八〇億ドル程度、日本円で約四兆円である。これは日本の国民医療費（二〇一七年度概算医療費は四二兆円）の一〇分の一、米国の防衛費（二〇一八年度防衛予算は七〇〇〇億ドル）の二〇分の一程度であり、この資金で世界一四〇カ国以上の保健医療が支えられている。今後も、これら先進国からの政府開発援助は資金調達の核となるが、新興国からの資金調達にも大きな期待が寄せられている。

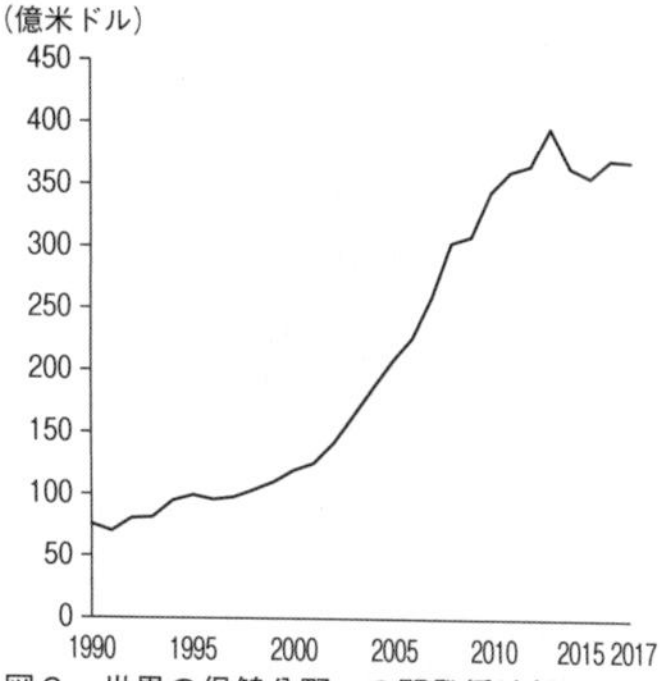

図３　世界の保健分野への開発援助額
（出典：IHME, Financing Global Health 2017のデータから筆者作成）

一方、今後さらに重要性を増してくるのが、実施国自身の国内資金である。現在でも、低所得国の保健医療費のうち約三割、中所得国の保健医療費のうち五割以上は政府が支出しており、二〇〇〇年以降、途上国政府の保健医療予算は倍増している。

それでも、政府の自助努力は未だに十分とはいえない。医療費の大部分を患者が自費で支払わなければならず、それが貧困の大きな要因となっている国も多い。

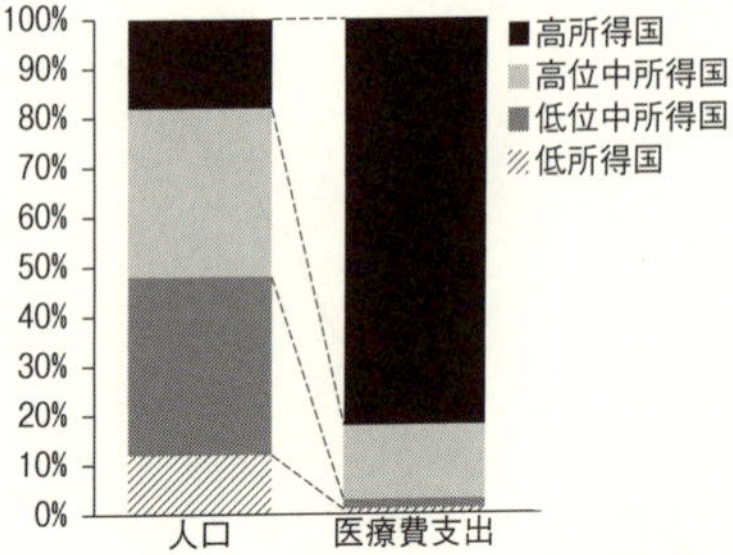

図4　所得レベル別の世界の人口と保健医療費の割合（出典：Public Spending on Health：A Closer Look at Global Trends, WHO 2018）

図4からは、八〇%以上の人口をもつ低中所得国の保健医療費が、援助を含めても世界の二〇%にも満たず、先進国に比べて極端に少ない現状がわかる。国際援助が伸び悩む中、各国の自助努力がますます重要になっている。

経済成長や国家予算の内容を見ると、途上国であっても、経済力に応じて保健医療に対する国内資金を増やすことは不可能ではない。グローバルファンドは保健医療分野で最大の資金を低中所得国に供与している国際機関であるため、各国の援助からの自立や持続可能な開発に向けた役割も大いに期待されている。それらを促進するための戦略として戦略目標4があり、STC政策を含む政策・指針・プロセスを作り、実施している。

さらにこれらの戦略には、資金だけでなく、質の保証された医薬品や診断技術、予防手段を、低中所得のすべての国が低価格で安定的、かつ迅速に入手できるようにするための戦略も含まれている。また、市場協創やイノベーション活性化のための戦略的イニシアティブも戦略のひとつである。

4　グローバルファンドの評価指標と実施計画

†リザルトチェーンを見つめる

VMOSAを作り、戦略や実施計画を作成するとき、また、事業を実施し、期待された成果やインパクトが生まれなかったとき、役に立つのが既出のリザルトチェーンである。

リザルトチェーン、またロジックモデルと呼ばれるものは、もともと欧米の行政評価の現場で使われ、国際開発援助の分野ではロジカル・フレームワーク（ログフレーム）として導入・活用された。私も二〇年以上前にこれを学び、様々な場面で利用してきた。

使い慣れれば当然といえるツールなのだが、日本の文化や思考方法には必ずしも馴染まないというのが初めの印象であった。論理・ロジックで物事を考え決める欧米に対して、上司や周りの意見や空気で決める日本では、頭でわかってもロジックが使えない場面が少なくないからである。

しかし、グローバルな活動をする日本人にとっては、欧米人を含め、多様な文化・価値観の人々と議論や意思決定をする上で、このリザルトチェーンは有用なツールとなった。さらに近年では、日本国内でも社会的な事業に関心が集まる中、ソーシャルセクターや企業の間でもこのモデルが注目を浴び、頻繁に使われるようになってきたようである。

このリザルトチェーンとは基本的に単純なもので、資源（インプット）を投入し、活動（アクティビティまたはプロセス）を行い、直接の結果（アウトプット）を得ることで、成果（アウトカム）につながり、最終的に社会的な影響・インパクトが生まれるという、一連の因果関係にある要素を鎖でつないだものである。

†リザルトチェーンのメリット

このリザルトチェーンを作るメリットにはいくつかある。

その一つは、自分たちがどこをめざしているのかという成果、そしてそれによる社会への影響やインパクトを明らかにして、それを達成するにはどのようなステップを踏むべきかが可視化でき、組織の構成員と共通理解を得られることである。これを通じて、部局・チーム・個人の責任が再確認できる。

二つ目に、成果や社会へのインパクトが上がらなかったときに、どこに問題があるのか、目標のカバー率に達しない理由、プロセスを遅らせる因子、質を下げる要因などを同定しやすくなる。振り返りや反省、またうまくいったときの成功要因の検討などは、このリザルトチェーンを使うと道筋立てて論理的に考えられるので、チームや関係者との議論や意思疎通に好都合である。

ただし、実際に使ってみるとそう簡単でもない。というのは、図5の通り、成果を出すまでに様々なプロセスがあり、それらが複雑に関連し合っているからである。因果関係の強さも異なり、時には鶏と卵のように因果関係がわからなくなることもある。

それでも、関係者でチェーンを作り、またこれを見つめながら、議論・意思決定をすることで、見えること、共有できることは多く、有用なツールといえる。

†重要業績評価指標の使い方

ゴールやターゲットの達成に向けて事業が順調に進捗しているのか、期待通りの成果がでているのかをモニタリングするのに有用なツールが重要業績評価指標（KPI）である。重要目標達成指標（KGI）という用語もあり、KGIは最終目標を定量的に評価する指標、KPIはKGIを達成するためのプロセスが適切に実施されているかを定量的に評価するための指標と区別することもあるが、単純化して両方をまとめてKPIとして使用する場合も多い。

最近は日本でも、産官学民、様々な機関・組織でこのKPIが活用されているので詳述する必要はないと思うが、私もこれまで複数の組織でKPIの設定・測定・改定に携わってきたの

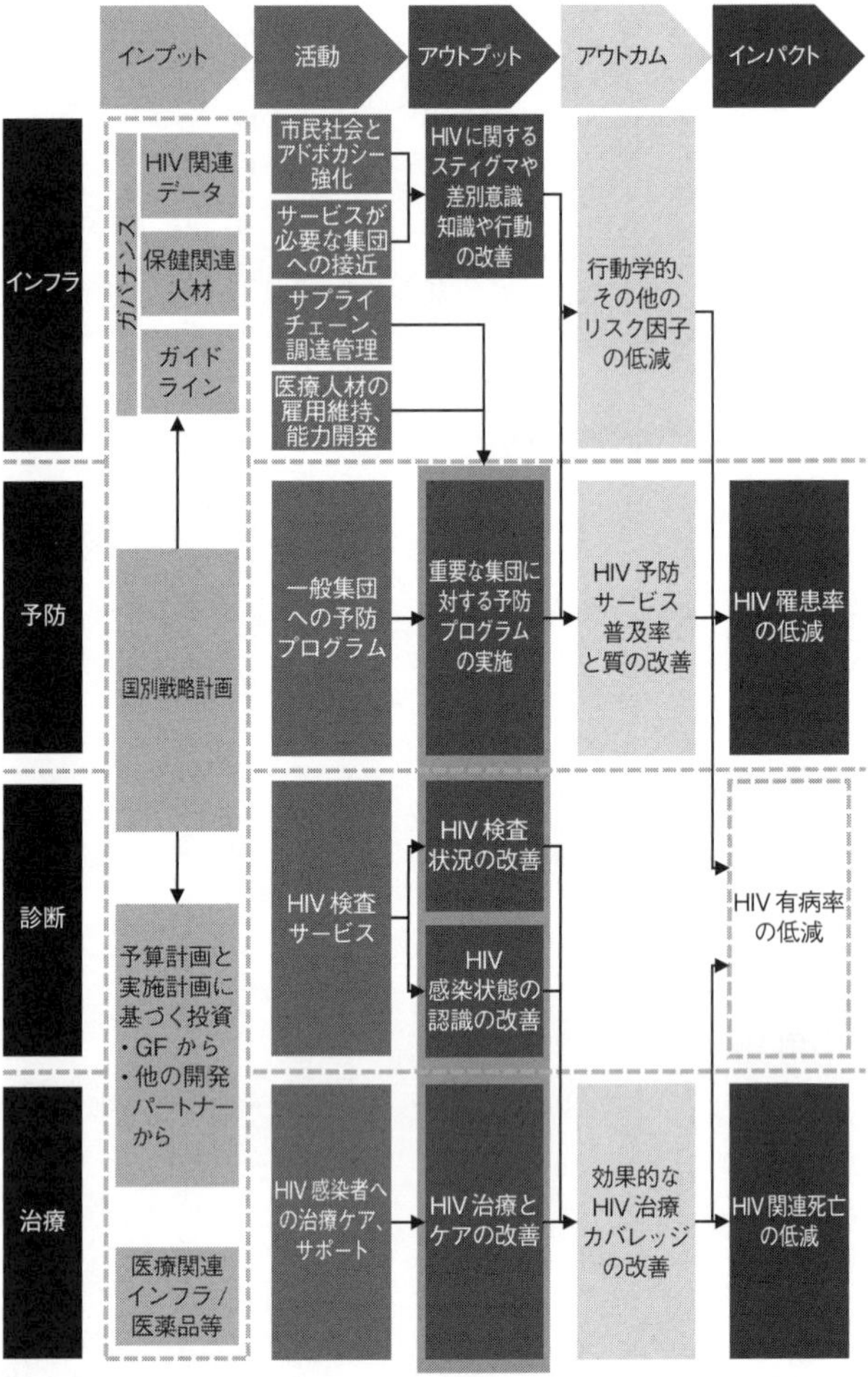

図5　HIV 対策におけるリザルトチェーン
（出典：TERG レポート、グローバルファンド、2018）

で、いくつかの留意点を述べてみたい。

一つ目は、KPIを設定するときに、その指標を誰に示して、誰がどのように使うのかを明らかにすることである。これはKPIに限らず、データや情報を収集分析するときの基本だが、これらを明確にすると、集めるべきもの、省いてよいものが見えてくる。

二つ目は、KPIを設定するときも「森を見ながら木を見る」ことが重要である。前述したリザルトチェーン全体を見つめながら、成果・インパクトを最大化するために、最も重要な要素・プロセスは何かを森全体を見ながら考えるのである。

はじめから木を見てしまうと、すべてが重要に思え、KPIを多く設定し過ぎてしまう。リザルトチェーン全体の流れの中で、促進因子や律速段階を同定し、優先順位を考えながら、責任をもって管理そして改善することが可能な数のKPIを選ぶ必要がある。

三つ目は、「SMART」にKPIとその目標値を設定することである。SMARTは「具体的な(Specific)」「測定可能な(Measurable)」「達成可能な(Achievable)」「妥当な(Relevant)」「時間制限付きの(Time-bound)」の略である。これも実際に使ってみると、頭で考えるほど簡単ではない。というのも、重要なプロセスや因子が必ずしも数値で測れるものばかりではなく、信頼できるデータを集めるのも困難であるからだ。ベースライン値がわからず、目標設定が難しいということもある。

それでも何度か作っているうちに、「これは絶対に必要な指標なので、時間と費用がかかってもデータを収集しよう」「この指標はどうやっても測定できないので、そのプロキシ（近似）として別の指標を使おう」「これは測定しても自社では改善につなげる方法がないので削除しよう」など、次第にＫＰＩ設定と測定のコツやツボが見えてくるものである。

このようなデータ・情報を扱う際に、私が常に念頭に置いているのが、米国務長官だったコリン・パウエルが語った「四〇・七〇ルール」である。これは最低四〇％の事実が集まれば、あとの六〇％は直感で理解できるので決断ができる。七〇％の情報が集まるまで待っているとタイミングを逸してしまうというものである。

これは軍人から軍統合参謀本部議長にまで登りつめ、生死のかかった状況での迅速かつ適切な決断を迫られた豊かな経験をもつ彼の名言であるが、強い組織を作るために有用な助言でもある。ＫＰＩはパフォーマンスを示すだけでなく、それを基に軌道修正や未来の意思決定をしなければならない。その測定のためにどの程度の時間・労力・資金をかけるべきか、そこには「四〇・七〇ルール」のようなバランスが必要なのである。

†グローバルファンドの重要業績評価指標ＫＰＩ

グローバルファンドが各国に供与する資金（グラント）の成果やインパクトを考える場合に

は、各国の状況を見ながら個々のリザルトチェーンを作り検討する必要があるが、グローバルファンド全体としては、そのビジョン・ミッションを達成するためのリザルトチェーンは以下のように単純化して示している。

資源の確保→グラントのデザイン→グラントの実施→成果・インパクト

グローバルファンドのパフォーマンスといった場合、上位から下位に、世界全体→国全体→国のグラント→国のグラントの管理運営→事務局の管理運営、の五つのレベルで見る必要がある。当然のことだが、下位レベルにいけばいくほど、グローバルファンドの影響力・責任が大きく、上位レベルにいけばいくほど小さくなる。

図6の通り、五つのレベルと四つのプロセスで戦略KPI（一四項目）を設定し、年に二回測定して理事会に報告している。また、事務局レベルではさらに実施KPI（一五項目）を設定し、四半期ごとに幹部会に報告している。

以下に戦略KPIを示す。これら各KPIについては、その目的・意義、測定方法、性・年齢別データの有無、データを収集する対象国、情報源、報告頻度、ベースラインデータ値、目標値とその期限、進捗状況、改善策、注意事項などが設定されている。

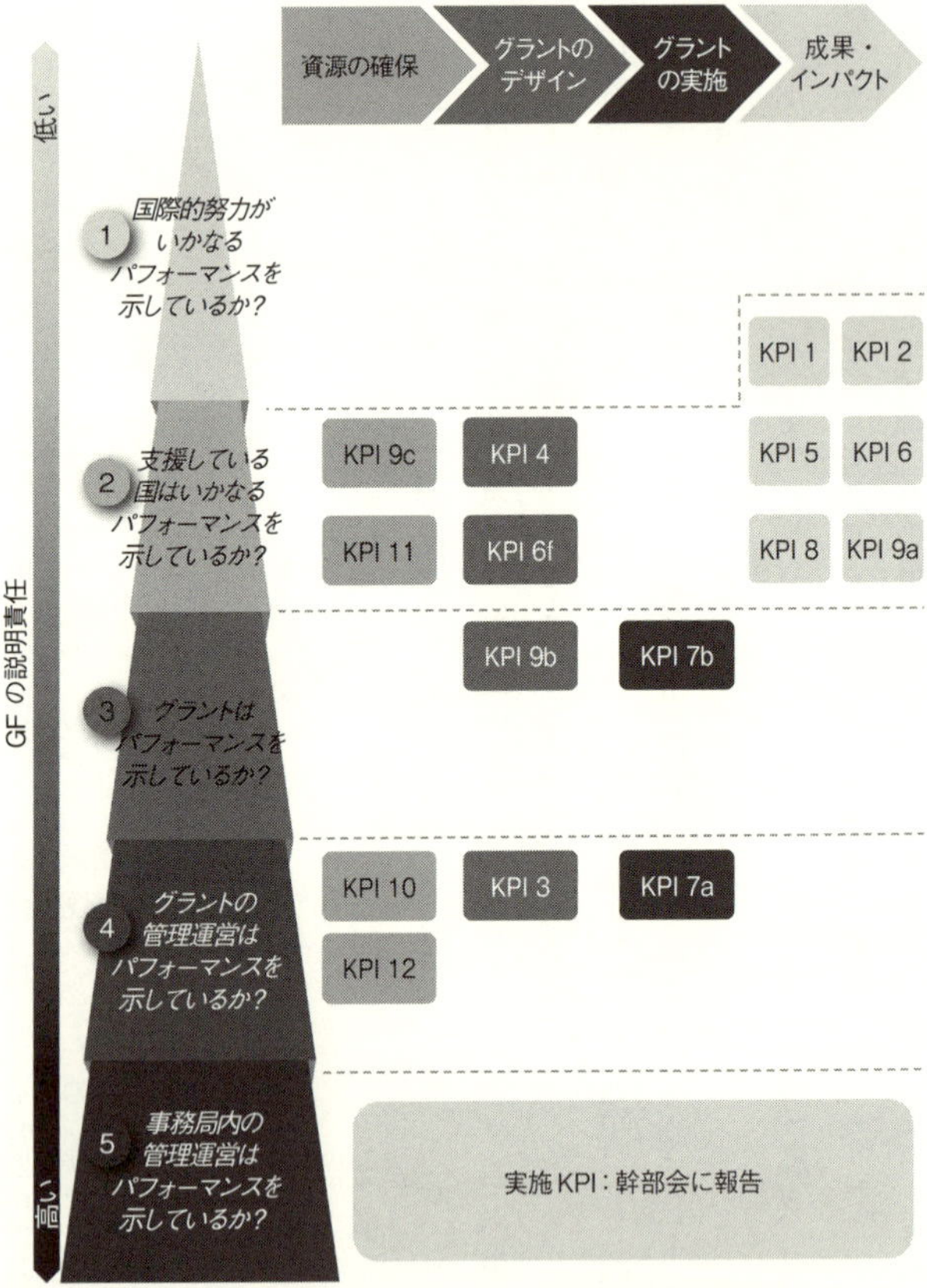

図6　異なるレベル・プロセスを測定する GF の戦略および実施 KPI
（出典：グローバルファンド理事会資料、2019）

理事会や事務局内で情報を共有する際には、一目ですべての戦略ＫＰＩの進捗状況がわかるダッシュボードを作成し、続いて各ＫＰＩについて一〜二ページで報告するなど可視化・単純化している。

†戦略ＫＰＩの項目

（１）資源の確保
・移行国における人権やＫＰに対する国内資金（KPI9c）
・資金調達額（KPI10）
・国内資金の増額（KPI11）
・保健医療技術の入手可能性（KPI12）
（２）プログラムのデザイン
・投資効率（KPI4）
・グローバルファンドの投資と国のニーズとの整合性（KPI3）
・中所得国におけるＨＩＶに関わる人権問題への事業資金（KPI9b）
・グローバルファンドの事業と国家戦略との整合性（KPI6f）
（３）プログラムの実施

・二〇一八〜二〇年に配分予定の資金のうち配分された割合（KPI7a）
・二〇一五〜一七年のグラントの支出割合（KPI7b）
（4）成果・インパクト
・インパクト目標に対するパフォーマンス（KPI1）
・サービス提供目標に対するパフォーマンス（KPI2）
・KPに対するサービス普及（KPI5）
・ジェンダーと年齢の平等（一五〜二四歳女性のHIV感染率の減少）（KPI8）
・保健システム強化（六項目：調達・サプライチェーン、財務管理、情報システム、性別・年齢別で細分化されたデータ、国別戦略との整合性）（KPI6a-e）
・サービスを阻害する人権問題への包括的プログラム（KPI9a）

†悪魔は細部に宿る

目標や戦略に基づいてその実施計画を作る際に重要なのが、「整合性」「連携性」「最適化」「優先順位付け」「順序付け」である。

英語で"The devil is in the details."（悪魔は細部に宿る）とよくいうが、具体的な実施計画、活動計画などの細部に多くの落とし穴があるものだ。

「整合性」とは、ゴール・ターゲット・マイルストーンを達成するために必要かつ十分な活動計画か、戦略・価値・原則に則ったものか、という見地からの検討である。

「連携性」とは、他のチームとの間で活動計画に重複がないか、逆に他のチームが実施すると考えて見落としている活動がないか、効率や効果を上げるための協力・連携体制は万全か、チーム間での役割分担・責任の所在は明確かなどをチェックする必要がある。

「最適化」とは、限られた資源を使って最大限の成果・インパクトを生むために、資源を最も適したところに効率的・効果的に配分・調整することである。特に予算や活動は前年度との比較で決められることが多いが、その中に無駄や非効率な要素があっても見過ごされていることが少なくない。また個人やチームの仕事量に大きな差があっても放置されていることもある。

過去の経験や延長線上から未来を考え予測して計画するのを「トレンド思考」といい、逆に過去の知識や自分の思い込みを一旦ゼロにして、現在や将来のニーズや可能性を考え、ロジックを使って物事を考えることを「ゼロベース思考」という。

グローバルファンドでも、既存の概念・枠組み・方法などに囚われずに論理的に物事を考えるこの方法を取り入れており、その例として「ゼロベース予算計画」がある。

「優先順位付け」と「順序付け」は、なすべき活動が多い場合、それを重要度と緊急性の観点から取捨選択し、資源をどのように割り当てて、いつの時期に行うのかを比較検討しながら計画することである。

†グローバルファンドの実施計画と個人の活動計画

グローバルファンドでは、前述した通り六年間の戦略を策定しているが、資金調達およびグラントのサイクルに合わせて三年間の戦略実施計画（SIP）を作成し、さらに毎年の具体的な戦略実施計画を作成している。

例えば、二〇一八年には組織全体で七七の戦略実施目標が設定され、各部局の優先課題と実施計画が決められた。予算や人材などの資源をその年の優先課題と通常業務との間で振り分け、これに基づいて各チームの実施計画、そして個人の実施計画が作成される。それぞれの段階で、部局およびチーム内の話し合い、合意形成を大切にし、作成したドラフトは関係部署と共有して協力・連携体制を強化するための意見交換を行う。

方針として、事務局予算は最小限に抑えるため上限を決め、できる限りの予算を途上国の事業に配分している。しかしながら、毎年新たなプロジェクトや革新的なイニシアティブが始まることが多いので、職員を増やさずにこれらを実施する方法を考えなければならない。その方法の一つに「マトリックス・マネジメント」がある。これは様々な部署に所属する人材で横断的なワーキンググループを作り、プロジェクト終了時に解散するものである。

組織が縦割りで他部門との活動に連動・連携を欠いていることを、日本語で「タコツボ化」というが、英語ではこれを「サイロ（silo）化」と呼んでいる。サイロとはもともと家畜の飼料や穀物などの貯蔵庫、または弾道ミサイルの地下格納庫のことで、「窓がなく周囲が見えない」という意味である。

組織が大きくなればなるほど、このサイロ化の弊害をなかなか避けることができない。そのために、連携・調整を促進するチームをつくる、配属を考えてお互いの業務を理解し連携を促進するなど、日本の組織でも様々な措置を行っている。先手を打ってサイロ化を回避し、連携・協力を促すためには、活動計画を作る段階で、予測されるサイロ化の弊害とその措置を検討し、活動計画自体に盛り込んでおくことが必要である。

いずれにせよ、グローバルファンドでは活動計画の作成段階で、「整合性」「連携性」「最適化」「優先順位付け」「順序付け」を行い、これを四半期ごとにモニタリングし、第二四半期の終了時に必要があれば、個人とチームの活動計画の微調整を行うのである。このモニタリングでは、どれだけの進捗があったのか、ターゲット達成に向けて順調か、そうでない場合の問題点は何か、そのためのアクションは何かなどを明らかにし、担当部署や責任者がそのフォローアップを行う。このモニタリングのためにダッシュボードを作り、一目で全体を俯瞰し、目標達成に向けて課題がどこにあるのかを明確に可視化できるようにしている。

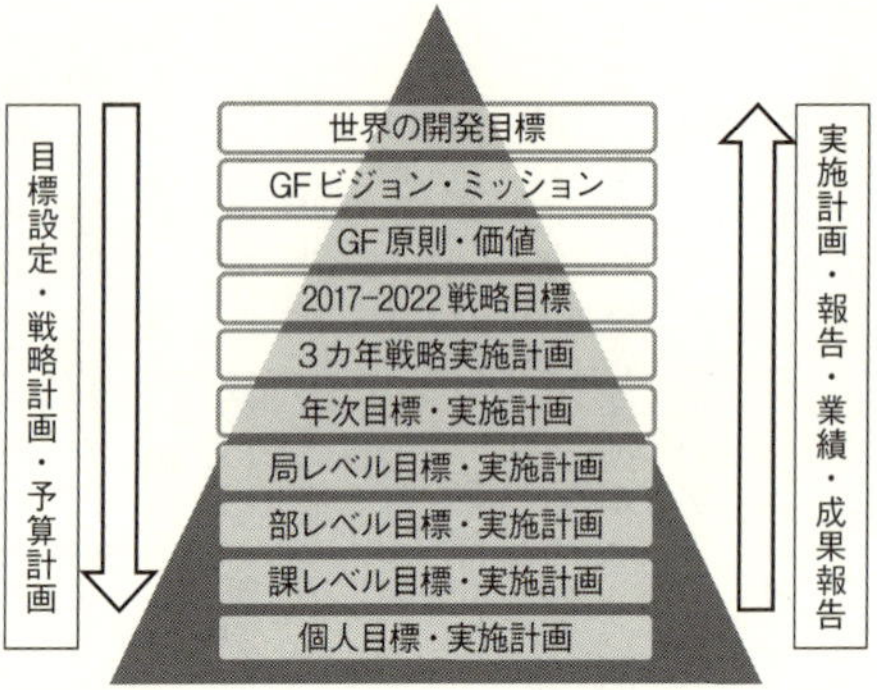

図7　GFのビジョン・ミッションから個人目標へのカスケード（著者作成）

先述の『ビジョナリー・カンパニー』では、「社運を賭けた大胆な目標」（BHAG）を打ち立てることが組織の飛躍や成功に重要だと伝えているが、この大胆な目標や理念を深く信じて、組織やその構成員の一挙一動に反映させ、一貫して実践させるためには、組織の巧妙な戦略作り、野心的だが現実的なターゲット設定、細部に落とし穴が潜むことを知った上での具体的な活動・実施計画作りが重要であり、大胆なビジョンやミッションと戦略、目標、活動がつながり、そのために個々の活動があることを常に確認する必要がある。

グローバルファンドでは、図7の通り、世界の開発目標から個人の目標・実施計画にいたるまで、一貫性や整合性をつける努力を行っている。ビジョンやミッション達成のために、戦略や目標を決め、その達成のために部局・チーム、そして個人の目標・実施計画を設定していく。

例えば、国別チームの場合、その地域・国に設定されたターゲットの達成のためにチームや個人目標・実施計画をチームや上司とともに決め、それを基にパフォーマンス評価を受ける。

また同時に、個人やチームからのフィードバックやパフォーマンス評価の分析を通じて、設定されたチームや部局の目標や成果物、またタイムラインが妥当なものだったのか、より上位の戦略やその目標、プロセスなどが妥当なものなのか、なども検討する。

このトップダウンとボトムアップの双方のアプローチが、一貫性や整合性を強めていくカギである。

第三章 パートナーシップを築く

1 強固な連携・協力体制を創るには

†連携・協力の難しさ

英国や米国では、個人や法人が複数集まり共同出資し、共同で事業を行っている組織のことを「パートナーシップ」と呼ぶが、民間企業には提携（アライアンス）、合弁（ジョイント・ベンチャー）、買収・合併（M&A）など様々な組織同士の連携・協力の形態がある。

特にグローバル企業は、世界中の企業と競争しなければならず、他のグローバル企業に対抗するため、同業他社であっても「業務提携」して互いの得意分野を活かした技術開発を進め、競争力の高い製品やサービスを生むこともある。

しかしながら、深刻な社会問題や地球規模課題に対しては、巨大な規模であっても複数の企業の提携や合併だけで解決できるものではない。そこには競合する企業ではなく、政府、国際機関、NGO、市民社会などの関係する組織・団体すべてが一致団結した本当の意味での「連携・協力・協働」が必要である。

この重要性は私が唱えなくとも、多くの人々がわかっている。しかし、実際にこれを実践するのは容易ではないのだ。

私はこれまでNGO、官公庁、大学、国際機関などで働いてきて、「連携」「協力」「提携」「調整」「協働」と名の付く活動や事業に関わってきた。そこでの現実は総論は賛成、各論は反対とまでは言わないが、参画する組織・団体によって違った意見・体質があり、なかなか思うように前に進まない、ということが多かった。

例を挙げると、ミャンマーで一五万人以上の命を奪ったサイクロン災害が発生した際、世界中から集まった国際機関、NGO、市民社会などと一緒にクラスター・アプローチという災害救援の連携・協力を行ったときのこと。私は国連児童基金（以下、ユニセフ）の保健医療のチーフとして、保健医療、栄養、水衛生の三つのセクターの調整に関与した。

最盛期で世界中から五〇以上の組織・団体がこの災害支援に参加していた。そのリーダーシップをめぐって国際機関や軍事政権の間で小競り合いがあった。リーダーシップを任された国連機関の中にも、管理能力や緊急援助に対する経験・知識が必ずしも高くないところもあった。援助団体の中には、自分たちが「目立つ」仕事をしたいと、活動地域や活動内容を勝手に決め、他とまったく協調・連携しないところもあった。

これらの問題は、組織というよりも、そのリーダーや責任者の個人的な性格や態度による場合も多いが、組織のアイデンティティや実施方針が強く、アプローチやプロセスも異なるため、連携したくても難しい場合もある。また、資金を拠出・寄付するドナーへの説明責任、次の資金につなげる広報を考えると、共同の活動、共同の成果報告書よりも、独自の活動、個別の成果を示したほうが有益と考える組織も少なくなかった。

それなら別々にやったほうがいいとの意見もあるが、限られた資源を別々に活用し、自分のやれること、やりたいことを各々の組織がやっていては、到底、甚大な社会的課題を解決することはできない。

†連携・協力のための条件

では、どうすれば最大のインパクトを生むための連携・協力が推進できるのか。その答えは、連携・協力の目的、期待するレベル、求める成果によって異なる。

組織間の連携・協力は、参画者がみな、それが必要で理想だと思っていても、自然発生的に促進されることはまずない。調整役としての私の苦い経験も、「このような状況（大規模災害）で、様々な組織・団体が一致団結するのは当然である」との理想・期待からスタートしたのが自分の甘さであり、「どんな状況でも異なった組織・団体は簡単に一致団結し、足並みをそろえるわけではない」という前提から始めなければならなかったのである。

私がこれまでの経験や学びから得たことは、まず連携・協力によって何を期待するのか、その目的と意義、ゴール、利点と欠点などを参画者とともに議論し、合意し、それを明示しておくことである。前章冒頭で述べたビジョン、ミッション、目的、戦略、実施計画（VMOSA）のうち、どれを一緒に作り、どの程度まで共有するのか、徹底的に議論する必要がある。

次に、連携・協力・パートナーシップによって、実際にどこまでの「結びつき」を期待するのか、そのレベルを設定し、参画者がそれに合意することである。これは、情報の共有という緩い結びつきから、組織の合併・統合という最も硬い結びつきまでの間に様々なレベルがある。実施段階でダブりやモレがないように連携する、予算や人材など投入面でも協力し合う、計画を一緒に作り、役割を分担し責任を分かち合う、など様々なレベル、段階での連携・協力がある。

さらに、合意した連携・協力を築くために必要なメカニズム・プロセスなどをつくる作業も重要である。特に、組織の体質が異なるほど、また期待する「結びつき」のレベルが高いほど、効果的かつ効率的な連携・協力の方法、アプローチを模索し、実際に適用する必要がある。

2　二一世紀型パートナーシップとは何か

†ビジョン・目標を共有し、責任を分かち合う

以下に、「二一世紀型パートナーシップ」と呼ばれる新たなメカニズムを構築したグローバルファンドの事例を紹介したい。

グローバルファンドでは、最も根幹となるビジョンや戦略、目標などを、参画するパートナーと一緒に議論し、決定してきた。

例えば、ビジョンやミッションの改定と二〇一七〜二二年の六カ年戦略目標の策定の際には、アフリカ、アジア、アメリカ、ヨーロッパの四地域で政策フォーラムを開き、一三八カ国から九四の市民団体を含む三五〇人以上の参加を得て、新規戦略への意見や提言を集めた。また、この政策フォーラムの前には自由集会を開き、一五〇の市民団体や当事者組織からも率直な意見をもらった。さらに、ウェブ上のE（電子）フォーラムを一二週間にわたって開き、一四三カ国一二〇〇人以上から意見や提言をいただいた。こうして作られたビジョンや戦略目標は前

章で述べた通りである。

グローバルファンドのゴール、ターゲット、戦略KPIについても理事会を通じてパートナーと議論をし、合意を得ている。

さらに各国のグローバルファンド事業に関するターゲットは各国のオーナーシップのもと、各国内で合意し決定している。ここで難しいのが、国際目標、グローバルファンドの目標、各国の目標の間に整合性をつけることである。

「野心的だが現実的」な目標を設定するのが理想である。しかし現実を見ると、国際レベルでは多くの国をストレッチさせ、動かそうとして「野心的」な目標設定をする傾向にあるのに対して、国レベルではストレッチさせられるのを嫌がり、また目標が達成できずに批判されるのを嫌がって「現実的」な目標設定をする傾向にある。

グローバルファンドは国際社会と各国との両方を包含するパートナーシップなので、双方に耳を傾けなければならない。整合性をつけるには、まず、できるだけデータやエビデンスに基づき、調達資金の額によって、またそれによる触媒作用によって、どれほどの成果・インパクトを生み出せるのかを客観的に分析する。そして、それを基に、国際社会および国の双方とじっくりと対話し、現実的にどのようなターゲットを設定すべきか、国の状況に応じてどのような配慮をすべきか、などを話し合うのである。

グローバルファンドのパートナーシップで重要なのは、成果や責任を分かち合うことである。戦略KPIは理事会に報告され、進捗が遅れている場合は事務局やパートナーはその説明責任を果たさなければならない。二一世紀型パートナーシップの醍醐味は、グローバルファンドという組織と他の組織との連携・協力ではなく、すべてのパートナーがグローバルファンドというパートナーシップ・メカニズムを構成していることで、その成功の手柄も、失敗の責任もみんなで分かち合うというものである。

グローバルファンドでパートナーがよく口にする言葉が、"We are working together for the common goals with the shared responsibility."（「我々は責任を分かち合い、共通の目標に向かって一緒に働いているんだ」）である。

†最高意思決定機関

ビジョンやミッション、目標、戦略、また管理・運営方針や資金供与案件の決定などの重要事項を合意する最高意思決定機関として理事会がある。

これは年に二回、原則として、事務局のあるスイス・ジュネーブと実施国との間で交互に行われてきた。これまでインドネシア、スリランカ、コートジボワール、マケドニアなどで開催され、理事会前に現場を視察することで、グローバルファンドの事業やそのインパクト、課題などへの理解を深め、理事会での議論が活性化する。

グローバルファンドでは、第四章で後述する通り、事業予算の九割以上が先進国政府（ドナー国）による拠出だが、パートナーシップの観点から、理事会の構成員はドナー国と支援を受けている開発途上国（実施国）の割合をほぼ同等にしている。さらに、政府や公的機関のみならず、NGO、民間企業、民間財団、感染者当事者などの代表をメンバーとしている。

具体的には、議決権のある理事は二〇人で、内訳はドナー国政府八人、実施国（低中所得国）政府七人、ドナー国および実施国のNGO代表それぞれ一人、民間企業一人、民間財団一人、感染者コミュニティ代表一人。それぞれに議決のための一票が与えられている。

二〇一九年一月時点で、理事会のドナー国政府はアメリカ、イギリス、フランス、ドイツ、日本、「カナダ・スイス・オーストラリア」グループ、「ポイント・セブン（デンマーク、アイルランド、ルクセンブルク、オランダ、ノルウェー、スウェーデン）」グループ、「欧州委員会・ベルギー、イタリア、ポルトガル、スペイン」グループの八議席。供与した資金の多いトップ五（二〇一九年五月時点で、米、英、仏、独、日）が上述したように単独議席をもつ。そして、グループの場合はそれぞれに定期的に集まり、理事会に出席する代表とその代理を決め、議論する内容をあらかじめグループ内のメンバーに周知させ、意見を取りまとめている。

なお、日本政府からの理事は二〇一九年五月時点で、紀谷《きや》昌彦外務省国際協力局地球規模課題担当参事官が務め、理事代理を日下英司《ひのしたえいじ》厚生労働省健康局結核感染症課長が務めている。

実施国は、中南米・カリブ地域、東欧・中央アジア地域、東地中海地域、東南部アフリカ地域、中西部アフリカ地域、西太平洋地域、東南アジア地域の七議席があり、それぞれの地域で定期的な会合を開き、意見を取りまとめて理事会の議論や決定に臨んでいる。

二〇一九年五月時点で、民間企業の代表は「メルク社」の国際公共政策部長、民間財団の代表は「ゲイツ財団」の国際政策アドボカシー副部長、感染者コミュニティはケニアでHIVに感染した女性の支援や女子のHIV感染予防などの活動をしている「リーン・オン・ミー財団」代表、ドナー国NGO代表は世界のエイズ対策に貢献するイギリスを拠点とする約七〇の組織のネットワークである「ストップエイズ」代表、実施国NGOはケニアの「Kenya Legal and Ethical Issues Network on HIV and AIDS（KELIN）」代表が務める。

各グループには多くの組織から個人の資格で参加しているため、代表や代理は持ち回りで、各グループの意見を取りまとめ、その代表としての意見を述べることとなっている。

議決権のない理事八人は、世界銀行、WHO、UNAIDS、最近追加された公的ドナーとして韓国（代理はカタール）、パートナー機関枠として国際医療品購入ファシリティ（UNITAID）（代理はロールバック・マラリア・パートナーシップ（RBM））、理事会の議長と副議長、そしてグローバルファンドの事務局長である。

理事会には付随する以下の三つの委員会があり、その役割は以下の通りである。

・戦略委員会（ＳＣ）：戦略と投資全般に関わる意思決定を支える。
・監査財務委員会（ＡＦＣ）：経営および財政の監督を担う。
・倫理統治委員会（ＥＧＣ）：事務局とステークホルダーの倫理規範の遵守とガバナンスを監督する。

（なお、二〇一九年五月現在、坂井スオミ元ユニセフ倫理担当事務局長首席顧問が倫理統治委員を務めている。）

†じっくり議論し、みんなで決定する

強靭な組織を作るには、その意思決定も効率的・効果的、そして迅速に行う必要がある。理事の多くは、他の様々な国際機関の理事会のメンバーも歴任しているため、その教訓から理事会の効率化を推進している。

例えば、理事会で決定する事項は、前出の三つの理事会直属の委員会や外部専門家による独立した委員会、さらに技術的パートナーなどとともに、事前に十分な分析・議論・検討を行っておく。その結果として理事会に提出する文書や参考資料は簡潔にまとめ、理事会二週間前に

は事前準備できるように理事に配布しておく。

理事会の意思決定は多数決ではなく、じっくり議論し合い、できるだけ合意を形成した上で議決することになっている。したがって、意見が大きく分かれそうな内容、複雑で理解が難しそうな内容の議題については、必要に応じて理事会前に電話会議やブリーフィングなどを行うが、中には理事会前の各種委員会、電話会議、特別会合などの議論を含むと一つの議題で数十時間も費やすこともある。

それでも、深く議論し対話すること、市民社会も当事者も含めてコンセンサスをつくるので、理事会の意義や価値、メンバーの満足度はとても高いようである。

また、理事会の意思決定の迅速性と効率も考えて、緊急に承認を得なければならない内容については、年に二回の理事会を待たず、理事会の委員会や外部委員会で審議された内容と勧告を電子メールで送り、承認を得ている。さらに、理事会では形式主義をなくし、実質的な議論ができるよう、国連総会などでよくある、割り当てられた時間を大幅に超えて、用意してきた原稿を棒読みするようなことは避けて、謝辞などは省略または短縮する、論点を絞る、既出の意見はできるだけ繰り返さない、などの慣行をつくっている。

理事会では市民社会や当事者の参加に大きな価値がある。理事会が始まる前には、必ず三大感染症で亡くなった同胞・家族、世界中の犠牲者のためにキャンドルを灯して黙禱し、議論している間にも多くの人々が犠牲になっていることを思い起こさせる。理事会の審議が形式論や建て前論になったり、政治的な思惑で動かされそうになったりすれば、「我々はなぜここに集まって議論しているのか」「現場で苦しむ人々のために本当になるのか」という原点に引き戻す役割をしてくれている。

†外部専門家とのパートナーシップ

グローバルファンドでは、各国から提出される事業計画書（コンセプト・ノートと呼ばれる）を審査して、よりよい案件にするための留意点や勧告を示すという重要なプロセスを事務局とは独立した「技術審査委員会（TRP）」に依頼し、透明性や公正性を高めている。

この委員会は、以前、巷では「神」と呼ばれ、その判断で数億〜数百億円規模の資金の供与が決まっていた。現在では後述する新規資金供与モデルに移行したため、供与するかどうかの合否判定ではなく、多角的な視点から案件を審査し、より良い事業にするための留意点や勧告を国や事務局に示している。それでも依然、この委員会は重要な役割をもつため、委員を公募すると世界から多くの応募があり、その選考には明確な基準を設け、専門性、所属する組織、地域、男女比などでバランスをとり、また利益相反を避けるための工夫も行っている。

専門性としてはエイズ、結核、マラリア、保健システム、ジェンダー、人権、医療経済など、所属・職歴としてはドナー国・実施国政府、国連・国際機関、大学・研究機関、シンクタンク、NGO、市民組織、当事者組織など、多様性とバランスを重視している。

現在、約一四〇人が選ばれ登録されており、この中から毎回三〇～四〇人をローテーションで選び、多いときには年に五～六回の委員会を開いている。委員会は毎回一～二週間、朝から晩まで缶詰状態で、多くの国の申請書を徹底的に精査し議論してもらっている。

このTRPによる審査結果を基に、国の状況や課題を考慮しながら、最終的に国に提出する勧告や留意点、資金供与額の上限を決め、最終合意を得るために理事会に提出するのが「案件認定委員会（GAC）」である。この委員会には、事務局の国別チーム、専門家、財務、法務などの関連部局の代表に加え、WHO、UNAIDSなどの国際機関、アメリカ、ドイツ、イギリス、日本などの政府・援助機関、さらに市民社会の代表などが参加している。

ちなみに、TRPは二年に一度委員の入れ替えがあり、二〇一七年から二〇一九年まで委員を務めているのが狩野繁之《かのうしげゆき》氏（国立研究開発法人 国立国際医療研究センター研究所熱帯医学・マラリア研究部部長）である。

さらに、「技術評価委員会（TERG）」と呼ばれる独立した委員会もある。これはグローバルファンドの政策・戦略の妥当性、事業による成果やインパクト、さらに横断的なテーマ（保健システム強化や人権やジェンダーの不平等の改善に向けた事業の効果など）の評価を行い、理事会直属の戦略委員会に報告し、そこから理事会に提言・勧告を行っている。

TERGの委員は一八人で、世界の実務家、研究機関・学術界、NGO、政府、国際機関などから、モニタリング・評価に関わる高い専門性や知見を基に選ばれる。日本からは二〇一八年より国立研究開発法人 国立国際医療研究センター国際医療協力局の永井真理医師が務めている。

この委員会は評価を通じて、多くの教訓や学びを提示し、グローバルファンドの戦略・政策・プロセスなどの改善に貢献している。

†技術支援のためのパートナーシップ

開発途上国には、技術レベルや実施能力が不十分なために期待される成果が示せない国も多いため、様々な国際機関や援助機関とパートナーを組みながら技術支援を行っている。

アメリカ、フランス、ドイツはグローバルファンドに誓約した資金の五%程度を活用し、それぞれの政府の援助機関・専門機関やNGO、シンクタンクなどを通じて実施国に対して技術支援を行っている。

特にアメリカには、米国大統領緊急エイズ救済計画（PEPFAR）や米国大統領マラリアイニシアティブ（PMI）など、莫大な資金をもち、優先国を決めて戦略的に感染症対策を進めている機関があり、優先国と分野を決め連携・協力している。また、フランス政府とは西・中部アフリカの仏語圏の国々で保健システム強化に関する協力を行っている。

日本の政府開発援助（ODA）はこれまで国際保健医療分野で大きな貢献をし、現在も重要な役割を果たしているので、国際協力機構（JICA）とのパートナーシップも含めて連携・協力を進めていきたい。

さらに、国連・国際機関とは、それぞれの役割・機能に応じて戦略的パートナーシップを組んでいる。

例えば、WHOとは感染症対策のみならず、保健情報システム、保健財政計画、人材育成など、様々な国の保健システムを協働で支援している。

UNAIDSはHIV対策に関する国際レベルでの投資計画、戦略的情報分析から、国レベルでの事業計画・実施・モニタリングへの支援まで、グローバルファンドの事業を大きく支えている。

世界銀行も、国際保健分野で大きな役割を果たしており、グローバルファンドとは各国での国内資金の動員や国家保健医療計画や疾病対策戦略などの改善、革新的資金調達メカニズムの創生などで協働している。

他にも、ストップ結核パートナーシップ、ロールバック・マラリア・パートナーシップ、国際医療品購入ファシリティ（UNITAID）、Gaviといった国際機関と個別に戦略的パートナーシップを組んでいるが、最近、これら四つの機関とグローバルファンドで物理的なパートナーシップも結んだ。二〇一八年にスイスのジュネーブにグローバル・ヘルス・キャンパス（GHC）と呼ばれる新オフィスビルを建て、五機関の約一四〇〇人が共同利用することになったのである。

グローバルファンドは、大学や研究所との連携・協力も強い。オスロ大学、インペリアル・カレッジ・ロンドン、ハーバード大学、ジョンズ・ホプキンズ大学などの大学・研究機関とともに、グローバルファンドの投資計画作りから、国レベルでの保健医療情報システムや保健医療財政計画への支援まで、多岐にわたって協働している。

†国レベルでのパートナーシップ

グローバルファンドが設立された二〇〇二年頃、援助機関は個別の援助戦略や方針をもち、各途上国に対して並行して支援し、援助機関同士で調整・連携を進めることは稀であった。国連機関同士、または国連機関と途上国政府（保健省など）との対話や連携はあっても、現地政府とNGO・市民社会は顔さえ合わせていない、公的セクターと民間セクターには話し合いの場がまったくない、多くのNGOが活躍しながら、その横のつながりがほとんどない、という状況が多くの国で見られた。

「過去一〇年間に国際社会全体で四〇万件以上のプロジェクトが実施され、現在でも八万件ものプロジェクトが実施されている。（中略）例えば、ある国の教育セクターに関心があれば、二〇～三〇の競合するプロジェクトが並行して実施されていることに気づくだろう。確かに世銀の場合も、理事会でプログラムの承認を受けるときに、二〇以上の他機関のプロジェクトについて話すことはめったにない。これはばかばかしいことだ。我々は協力もせず、協調もせず、他機関の経験から学ばず、いや、我々自身の経験からすら学んでいない」と語ったのは、当時のウォルフェンソン世界銀行総裁である。二〇〇三年二月、グローバルファンドの創設の一年後の話である。

途上国における援助協調の必要性自体はかなり以前から叫ばれていた。その援助協調の形として提言され、実際に試行されてきたものには、貧困削減戦略文書（PRSP）、セクター・ワイド・アプローチ（SWAps）、一般財政支援まで様々なものがある。

援助協調の理想の形を単純にいえば、"One plan, One budget, One report"である。すなわち、すべてのアクターが合同で一つの計画を作り、途上国の政府予算では足りないので、それを補完する形で援助機関が一緒に資金を出し合って一つの財政プールを作り、それを活用する共同の事業・予算計画を作り、みんなで連携・協力し、補完し合いながら実施して、最終的には一つの報告書を作成して説明責任を共同で果たすというものである。

この援助協調の流れは、イタリアのローマで二〇〇三年二月に世界銀行と経済協力開発機構・開発援助委員会（OECD-DAC）が共催した調和化ハイレベルフォーラム、その後のフォローアップ会議などで加速化されたが、グローバルファンドのパートナーシップモデルを各国が実践し、迅速に成果を出せる体制にはなかった。

そこで作られたメカニズムが「国別調整メカニズム（CCM）」である。これは、現地政府（保健省や国家エイズ対策委員会など）、テクニカル・パートナー（WHOやUNAIDSなど）、民間セクター、市民社会、NGO、当事者組織など、現地で感染症と闘うために必要な様々なセクターの代表が参画し、グローバルファンドからの資金拠出によって実施する事業計画書の作成、資金受入責任機関（PR）の選出、事業の実施と監督、報告などを合同で行うのである。PRを選出した後は、さらに、その管理下で事業の実施に加わる事業実施機関（SR）を選定し、事業規模が大きい場合はさらにSRの下に実施機関を置く場合もある。

このように、CCMを通じて、国全体として作成した「一つの実施計画書」「一つの予算計画書」のもと、「共通のモニタリング・評価フレーム」を使いながら事業を実施し、最終的には「合同の報告」をまとめるメカニズムを作ったのである。

正確にいうと、これはまだ理想型ではない。国の計画のほかにグローバルファンドの計画を別に作成し、予算書には他の援助機関を含めた予算額も記入するものの、その資金を公表したがらない援助機関もあり、また逆に、合同の報告書よりも詳細な報告やデータを別途要求してくるドナーもあるからである。

援助協調は口でいうのは簡単だが、現実に実施するのは難しい。しかし、ベストではなくとも、ベターな方法をまずは実践し、そこから学びながら改良・進化させていく方法もある。グローバルファンドでは、この方法で短期間に一三〇カ国以上にCCMのメカニズムを導入・拡大し、機能させ、その後も改良・進化を進めているのである。

どうしてもうまく機能しない例がある。政治が不安定で、内戦や紛争などの問題が続く脆弱国家、COEに属する国々である。実施国政府のガバナンスや調整能力が低いだけでなく、パートナーやそのキャパシティが少ないなどの問題もある。弾圧を受けて当事者組織が存在しないこともある。CCM設置の最低条件を満たさないことが多いのである。

そのような場合には、その国で最も信頼性のおける国際機関（ユニセフやUNDP、または大手の国際NGOなど）を資金受入責任機関として、政府や市民社会などのパートナーとともに実施する上で連携・協力を促進するのである。

また、国レベルでのパートナーシップを理想形に近づけるための方策として、国の主体性、透明性を含むガバナンスが強く、国家計画や戦略が健全で妥当なものであれば、成果や国家戦略に基づいた資金供与を行っている。

これは実施国の主体性や管理・執行能力を信頼して、細かいプロセスや監督をできるだけ省略し、国家戦略自体に資金供与し、成果に対する説明責任に焦点をあてるものである。これは、プロセスよりも成果を出すことに労力と資金を注ぎ、取引費用を削減する効果があり、また他の国に主体性やガバナンス向上のインセンティブを与えるものである。

†市民社会とのパートナーシップ

第一章では強調できなかったが、実はグローバルファンドを生み出す大きな原動力となったのは、市民社会や当事者組織であった。

当初HIV感染は「死の宣告」を意味した。私の局にコミュニティ・ジェンダー・人権部を指揮している女性がいるが、彼女は一九八七年にイギリスの病院でHIVの診断を受けたとき、「あなたに対してできる治療は何もありません。赤ちゃんを産みたいと思っているのなら、あなたも赤ちゃんも死ぬことになるでしょう。率直に言って、あなたの余命は二年くらいです」と言われたという。どうしてよいかわからず、同じ立場にある女性を誘って「POSITIVE WOMAN」という組織を結成し、HIVとともに生きる女性同士のケア・サポート、コミュニティの女性たちへの教育などを行っていった。

このようにして立ち上がった市民団体は世界に多く存在する。自らＨＩＶに感染し、また愛する者をエイズで失い、多くの差別や偏見に曝されてきたので、活動にかける意気込みもエネルギーも違う。特に「アクティビスト（活動家）」と呼ばれる人々は、国連を含む様々なハイレベルの会議やイベントでエイズとの闘い、偏見や差別との闘いを訴え続けていった。

こうした当事者や市民社会の強い働きかけもあって、当初は遅々としていたエイズ治療の開発も徐々にスピードアップした。一九九六年には、画期的な「多剤併用療法」が実用化され、多くのＨＩＶ陽性者が長期にわたって健康に生きていけるようになるかに見えた。

しかし、大きな壁があった。治療薬の価格が高すぎて、途上国の人々にはまったく手が届かなかったのである。治療費は日本円にして一人当たり年間一五〇万円以上。開発途上国が払える額ではなく、この「命の格差」に、世界の市民社会・当事者は正面から怒りの声を上げた。

結果、歴史上初めて、一つの疾病をテーマにした「国連エイズ特別総会」が二〇〇一年に開催され、世界のエイズ対策の流れが作られた。二〇〇二年には、世界貿易機関（ＷＴＯ）が「ドーハ宣言」を出し、治療薬の価格高騰の要因でもあった知的財産権の問題に解決の兆しが出てきた。これと同時期にグローバルファンドが設立され、途上国の当事者の治療を実現する、グローバルな投資の仕組みが確立したのである。

グローバルファンドは前述の通り、理事会に先進国ＮＧＯ、途上国ＮＧＯ、当事者の三議席

写真7　南アフリカ・ダーバンでの国際エイズ会議（2016年7月）に先立つパレード。当事者組織などが、エイズ対策に必要な予算の確保と国際社会のアクションを訴えた。

を置き、市民社会が政府と対等に表決に加われる画期的な制度を実現した。そこで生まれた責任を、市民社会は見事に果たしてきた。

グローバルファンドの投資制度や戦略には、市民社会の発案によって生み出され、運営されてきたものが多くある。「コミュニティ・ジェンダー・人権」に関わる資金拠出がその典型だ。この資金で多くのＮＧＯや当事者組織の能力が強化され、三大感染症と闘う「コミュニティを中心とした仕組み」が各地で確立されている。

市民社会はグローバルファンドへの資金調達にも重要な役割を果たしている（写真7）。

グローバルファンドの存在意義を示すのに、その資金で命を救われた当事者の言葉ほどインパクトのあるものはない。グローバルファンドへの資金調達に向けた政策提言やキャンペーンを担う市民社会のグローバルなネットワークであるＧＦ活動者ネットワーク（ＧＦＡＮ）が設置した「スピーカーズ・ビューロー」では、実際にグローバルファンドによって命を救われた当事者たちが訓練を受け、「証言者」として様々な国際会議で発言し、自分の言葉でグローバルファンドの意義をアピールしている。当事者や市民社会が「私たちのグローバルファンド」と誇りをもって言える国際機関。グローバルファンドが「世界最強の国際機関」といわれる理由の一つがここにある。

†ゲイツ財団の貢献

市民社会も含め、民間セクターとグローバルファンドとのパートナーシップには三つの意義がある。「資金調達」「革新的資金」「デリバリー・イノベーション」である。

「資金調達」と「革新的資金」については次章でも述べるが、民間セクターはグローバルファンドに多大な資金供与・寄付を行い、増資活動を支援し、また国レベルでの国内資金調達、新たな資金メカニズム創生にも重要な役割を果たしている。

「デリバリー・イノベーション」とは、民間セクターがもつ知見や技術を事業に活かし、サービスの効率や効果を改善し、成果・インパクトの最大化につなげるものである。

民間セクターとのパートナーシップとして、まず第一に名前を挙げなければならないのがマイクロソフトの元共同創業者であるビル・ゲイツが妻メリンダと創設したビル&メリンダ・ゲイツ財団である。この財団は、ビル・ゲイツが婚約中のメリンダと初めてアフリカを訪れ、簡単に予防や治療ができる病気で多くの子どもたちが亡くなっている実情を知って、解決に向けた支援をしたいと二〇〇〇年に立ち上げたものである。

彼らはグローバルファンドにこれまで総額二〇億ドルを超える多額の寄付をしているが、それに留まらず、ゲイツ氏自身が先進国や途上国の大富豪や民間セクターに呼びかけてグローバルファンドや感染症対策への支援を呼びかけている。

これに応じて支援に協力している財界人や富豪は少なくない。東南アジア最大級のマヤパダ銀行などを経営するインドネシアの大富豪ダト・スリ・タヒルもその一人で、ゲイツとともに、インドネシアのマラリア対策に私財を投じている。

さらに、ゲイツ財団にはグローバルファンドを超える数のスタッフがいるのだが、グローバルファンドの理事会や各種委員会のメンバーとして運営や戦略作りに貢献し、グローバルファンドが進める国内資金の動員やジェンダーに関わる事業の推進などを支援している。

†民間セクターとのパートナーシップ

自ら感染症の危機に曝されて、グローバルファンドとの協力体制を作った民間企業もある。

例えば、世界最大手の石油関連企業であるシェブロンは、産油国ナイジェリアやアンゴラなどに工場を有しているが、多くの従業員をエイズで失っていた。会社と従業員を守るため社内でＨＩＶの予防・治療・ケアなどの対策を始めたが、同時にグローバルファンドとパートナーシップを組み、ＨＩＶ対策を地域、国へと広げ、最終的に七カ国にまで支援を拡大した。

自らがもつ知見をグローバルファンドの支援事業に活かしてくれる民間企業もある。

例えばコカ・コーラである。タンザニアで開始した「ラストマイル・プロジェクト」は、コカ・コーラがもつ商品の流通と供給管理におけるノウハウを医薬品の供給改善に活かすために始めたパートナーシップ・プロジェクトである。

医薬品を全国に遅滞なく届けるため、国全体の医薬品の調達と供給を統括している医薬品供給庁に対し、効果的なロジスティクスや計画立案、調達プロセスなどに関する研修を行い、新しいソフトウェアを導入し、職員のスキルアップと組織の機能強化、サプライチェーンの見直しと改善を図った。

その結果、プロジェクト開始から二年で、一〇の地域で当初五〇〇カ所の倉庫に届けられていた一二〇種類の必須医薬品が、五〇〇〇の医療機関に直接供給されるようになり、発注から納品までの日数が三〇日から五日に短縮され、必要なときに医薬品を利用できる割合は二〇〜三〇％向上し、タンザニアの全人口の約半数が従来よりも医薬品を入手しやすくなった。

また、アフリカの大手銀行のエコバンクはグローバルファンドとのパートナーシップを通じて、自らがもつ財務管理やリスクマネジメントの知見をナイジェリア、セネガル、南スーダンなどに活かしている。これらの国ではグローバルファンドの事業の資金管理機関として適正に効率的に管理できる組織が少ないため、これらの組織にリクスマネジメント評価や予算作成、会計システム技術などの向上を図るトレーニングを行い、効果を上げている。

世界的な保険会社、ミュンヘン再保険とのパートナーシップも興味深い。脆弱なコミュニティを対象に生命保険、重病保険、生前給付保険、ユニバーサル・ヘルス・カバレッジ（UHC）、保健サービスへのアクセスの改善といったソリューションの提供に取り組んでいる。

エンタープライズ・アプリケーション・ソフトウェア大手のSAPとの協力では、事業実施者によるプログラム管理改善のため、支援管理用ダッシュボードを六カ国で試験的に実施する多国間アプローチを策定した。

ボストン・コンサルティング・グループ（BCG）、マッキンゼー&カンパニーなどのコンサルタント会社には、戦略作り、リスク管理、プログラムの質的向上などで、時にプロボノでも協力を得ている。

プロダクト（RED）は、ロックバンドU2のボーカル、ボノ（写真8）と、世界各地の貧困撲滅のために活動している国際NGO「DATA（Debt, AIDS, Trade, Africa）」の代表ボビー・シュライバーが発起人となり、世界経済フォーラムで発表して創設した。パートナー企業がそれぞれの商品のカラーを真っ赤にした（RED）共通のブランド商品を開発・製造・販売することで、その収益の一部をグローバルファンドに寄付してアフリカのエイズ対策プログラムを支援している。

これまでに、アップル、コカ・コーラ、スターバックス、エンポリオ・アルマーニ、アメリカン・エキスプレス、ランセット誌など、多くの企業がパートナーとして参加した。

写真8　グローバルファンドの会合で顔を合わせた、アイルランドの音楽バンドU2のボノとビル・ゲイツ（2016年）

日本の民間会社でも、グローバルファンドとの強いパートナーシップで世界的な貢献をしている企業がある。武田薬品である。二〇一〇〜一九年の一〇年間（年間一億円）にわたる協力で、保健医療人材の不足が深刻なアフリカ三カ国で人材育成・強化を支援してきた。武田薬品はエイズ、結核、マラリアに関わる治療薬などの製品をもたず、これは自社の利益でなく、社会の利益を追求した事業である。グローバルファンドに加え、母子保健、予防接種のような分野に二〇一九年四月現在で約七〇億円の支援をコミットしており、この選考に当たっては従業員が投票で決めて、スタッフの意識改革なども行っている。さらに武田薬品は、二〇二〇年からの五年間でグローバルファンドに対して一〇億円を拠出することを二〇一九年六月に発表し、グローバルファンドの第六次増資における、民間企業からの初めての拠出表明となった。

†世界中にいるサポーターたち

グローバルファンドには、世界中に多くのサポーター、そしてファンがいる。

国連機関では、世界的に芸能人や映画スターなどの著名人を「親善大使」として迎え、その組織の広報やイメージアップなどを図ることもある。グローバルファンドは特別に親善大使を委任しないが、自ら「グローバルファンドのサポーター」「チャンピオン（支持者）」と名乗ってくれる人が世界に多くいる。

前出のコフィ・アナンは私財一〇万ドルをグローバルファンドの設立にあたって投じている。南アフリカの元大統領、故ネルソン・マンデラ氏もグローバルファンドの支持者で、二〇〇四年には自分の財団から五〇〇〇万ドルを寄付している。

また、アフリカの歌姫と呼ばれるイボンヌ・チャカチャカも絶大なるグローバルファンドのチャンピオンである。マンデラ大統領が政治犯として一八年間「監獄島」に収監されていた間、彼女の歌を心の支えとしていたのは有名である。

さらに、元アメリカ大統領のビル・クリントン、元イギリス首相のトニー・ブレア、コロンビア大学地球研究所長で国連ミレニアムプロジェクトのディレクターでもあったジェフリー・サックス、元ノルウェー首相、WHO事務局長のグロ・ハーレム・ブルントラント、そして日本の森喜朗元総理は、グローバルファンド創設の立役者であり、一〇周年記念のビデオにも揃って出演している。

イギリスの歌手エルトン・ジョンもグローバルファンドの支持者で、彼の財団からグローバルファンドに多額の寄付がなされている。特に彼を動かしたのは友人、ロックバンド、クイーンのフレディー・マーキュリーがエイズによって命を落としたことだったという。

主要ドナー国には「グローバルファンドのフレンズ」と呼ばれる応援団がある。現在、アメリカ、ヨーロッパ、日本の三つがあり、グローバルファンドと各国政府・議会との関係を強化し、資金調達を支援するアドボカシー活動を行い、また定期的にこれらのフレンズの間で情報や意見交換を行っている。いずれもグローバルファンドからは独立して運営され、一切の資金提供を受けていない。

3 日本とのパートナーシップ

†グローバルファンドの生みの親

日本はグローバルファンドの生みの親として、政治的・財政的・技術的貢献をしてきた。

政治的には、二〇〇〇年G8九州・沖縄サミットで初めて保健医療問題、それも感染症問題を主要議題に挙げ、それ以降もG8・G7・G20のメンバーとして、また議長国としてグローバルヘルス、そしてグローバルファンドへの支援を推進していった。また、日本はグローバルファンドの理事国としてその戦略作りや管理・運営への支援に関わり、各種委員会に日本人を送り、知的貢献も行っている。

財政的には、日本は世界第五位の資金拠出国である。これについては後述する。

技術的にも、日本は世界の三大感染症対策に多大な貢献をしている。

特に、住友化学が開発した長期残効殺虫剤処理蚊帳（LLIN）は画期的な製品で、二〇〇一年にWHOから世界で初めて認証を受けた。これによってマラリアによる世界の子どもや妊婦の死亡や感染が劇的に減少した。

また住友化学は、二〇〇三年にタンザニアの繊維メーカー「A to Z社」にLLINの技術を無償供与し、その後同社との合弁会社設立で生産能力も増強したことで、日本円にして一〇〇億円以上のグローバルファンドからの調達を呼び込み、最大で七〇〇〇人以上の従業員を雇い、現地の経済発展、雇用創出にも大いに貢献した。

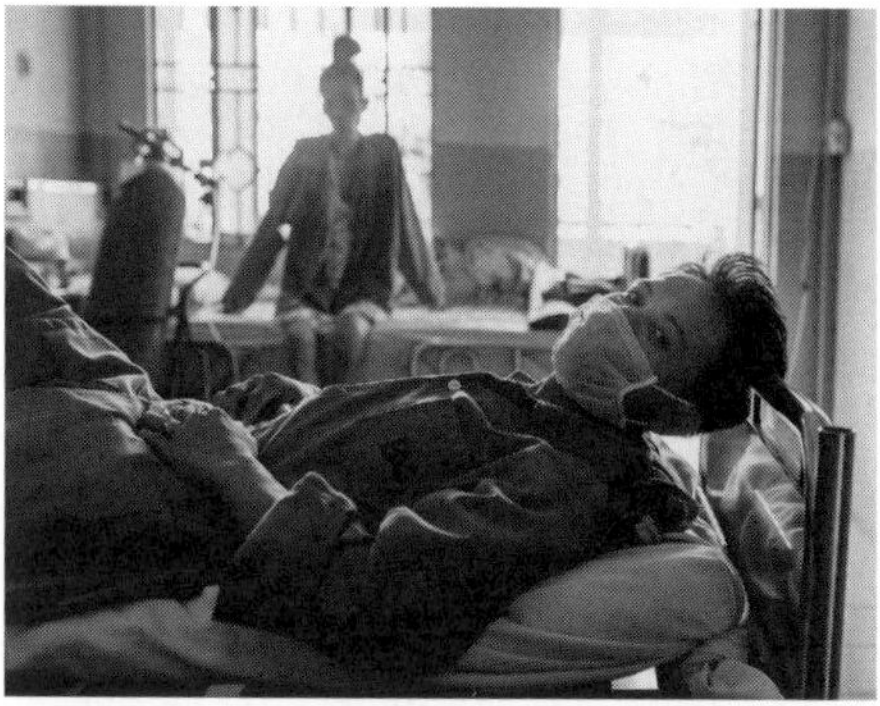

写真９　ホーチミン市の病院に入院する多剤耐性結核患者。以前の治療は長期間で副作用も多く、死亡率も高かった。現在では新薬により、治癒成功率も高くなっている。

さらに、大塚製薬が開発したデラマニドは、四〇年ぶりに世界で開発され市場に出た抗結核薬で、多剤耐性結核で苦しむ世界の人々に希望を与え、現在、世界五〇カ国以上で使用されている（写真9）。

これ以外にも、Meiji Seikaファルマ、富士レビオ、アボット（旧アリーア・メディカル）、栄研化学、オリンパスなどが日本で開発・製造した医薬品、診断薬、検査機器などは世界から大きな需要があり、グローバルファンドを通じて日本から調達・購入された医薬品などの物資調達額は二〇〇九年から二〇一八年の一〇年間で日本円にして約六八〇億円、グローバルファンドの調達額合計の六％で、世界第四位となっている。

さらに、二〇一三〜一八年の間に、トヨタ、日産、ヤマハ、ホンダ、三菱などの自動車・バイク・トラックなど、日本円にして約三〇億円相当が調達・購入され、これはグローバルファンドの車両部門の調達全体の六五％を占める。

余談だが、私はグローバルファンドに入る前は途上国の現場で保健医療支援に携わり、アフリカの灼熱の砂漠、アジアの山岳地帯などで悪路や道なき道を走ったが、現地のドライバーが口を揃えていうのが、日本車の性能の良さと頑強さであった。

†日本政府の絶大な支援

第四章で後述する通り、グローバルファンドの運営資金の九四％はG7を中心とする政府など公的部門からの拠出金であり、そのうちの約七％が日本政府からのものである。つまり、毎年数百億円の予算が日本からグローバルファンドに拠出され、その規模は設立以降増加傾向にあった。

日本政府がこれだけの財政的貢献をしてきたのにはいくつかの理由がある。

一つ目に、日本が人間の安全保障という概念を提唱し始め、保健分野の援助を外交の柱の一つと位置づけた頃に、ＨＩＶをはじめとする感染症パンデミックが起こり、人類や国の存亡さえも危うくする世界的危機となった。そんな中、沖縄でG8サミットが開催され、それが契機となってグローバルファンドが生まれた背景がある。

人々を脅威から守り、現地の能力強化を支援するグローバルファンドは、世界で人間の安全保障を推進する原動力であり、そのため、日本としてはグローバルファンドを強く支援してきた。また、グローバルファンドのビジョンやミッション、なかでも「実施国の自主性を尊重すること」「事業の持続可能性を重視すること」が、日本の援助政策の理念と合致していた。

二つ目は、世界から集めた大規模資金により、三大感染症対策の効率性と迅速性が高まり、高い援助効果を生み出すグローバルファンドの付加価値に日本が期待していることである。世界中の専門的知見を集結させ、イノベーションやインパクトを重視して、成果主義で健康問題の解決を進めること、これは開発援助機関一般に日本政府が期待するものだが、それを具現しているグローバルファンドを強く支援する理由ともなっている。

三つ目に、実施国政府の自主性と責任、それに必要な能力強化を中核に据えるオーナーシップを基盤に、先進国政府のみならず、市民社会、当事者組織も含むパートナーシップを推進するモデルを、先進的なガバナンス、また効果的な組織運営として期待していることである。特に、このパートナーシップモデルのもとでは、日本は、拠出金を出すだけでは不十分であり、他のパートナーと協力して、組織運営への積極的な参画が求められている。

実際に、日本政府はグローバルファンド設立時から、当時の他の国際機関の課題は何かを熟考し、それを克服できるような組織体制や運営を提案してきた。また、その後、資金規模が急速に増大する中で資金の使途の適切性に批判が出たときには、それを解決するための支援制度やガバナンスのあり方について、日本政府の立場を述べるだけでなく、パートナーとともに皆が納得する方策を導き出すため、夜を徹して議論した。

二〇一一年、ジブチ、マリなど四カ国での資金の不正・流用がマスコミで取り上げられ危機的状況になったときには、日本政府の理事は、関係者の間を取り持って事態の沈静化を図り、それにより他国から、日本は中立性および公正性に信頼がおけるとして、事務局長選挙では選挙管理委員会の委員長に任命され、その使命を果たした。

さらに、世界の健康問題が変化する中、国際社会がグローバルファンドに期待する役割は三大感染症のみならず受益国の「保健システム能力強化」であるとして、そのために必要となる組織の制度変更を求めてきたのも日本であった。現在、グローバルファンドは保健システムの支援と強化に関して国際機関で最大の投資を行っているが、日本が世界に呼びかけ、主流化しているユニバーサル・ヘルス・カバレッジ(UHC)を実現する上でも、グローバルファンドの役割は重要である。

UHCとは、国民皆保険と訳されることもあるが、単に医療受診による経済的負担を抑えるだけでなく、すべての人々が必要な保健医療サービスを得られるようにすることである。

以上のような理由により、日本政府はグローバルファンドに絶大な支援をしてきたが、一方、財政の厳しい日本において、毎年多額の拠出を継続するのは並大抵の努力ではない。また、政府がパートナーシップモデルの一員として参画するための知的・時間的貢献もかなりのものである。

これが実現している背景には、世界の保健医療問題を真剣に考え、その解決のために日本政府が貢献することが重要と考える政治家たちが信念をもってリーダーシップを発揮されたこと、また、グローバルファンドを担当する外務省が汗を流して努力し続けてきてくれたこと、厚生労働省や財務省もそれを様々な形で支援してきてくれたことがある。

さらに、以下に述べる民間外交や市民社会などの支援も、なくてはならないものだった。

†日本の民間外交としての支援

日本の感染症対策に関わる国際貢献、そしてグローバルファンドへの支援に関して民間外交の果たす役割は大きい。特に、グローバルファンド日本委員会（ＦＧＦＪ）の存在を抜きにしては、グローバルファンドと日本の関係は語れない。

ＦＧＦＪはグローバルファンドを支援する日本の民間イニシアティブで、二〇〇四年に日本国際交流センター（JCIE）のプログラムとして始まり、二〇一九年に一五周年を迎えた。

FGFJ発足当時、JCIEは山本正《ただし》理事長のリーダーシップのもと、フィランソロピー事業、有識者フォーラム、日米議員交流などを通じて、日本のエイズ分野のNGO、企業経営者、超党派の国会議員、中央省庁などの広い人脈をもち、信頼関係を築いていた。

また、JCIEは人間一人ひとりの生存・生活・尊厳に対する広範かつ深刻な脅威から人々を守り、保護と能力強化を通じて持続可能な個人の自立と社会づくりを促す「人間の安全保障」という政策概念の普及と具体化も推進しており、「二一世紀型パートナーシップ」であるグローバルファンドの日本におけるパートナーとしてはうってつけであった。

特にFGFJは、逢沢《あいさわ》一郎議員と古川元久議員が共同代表幹事を務め、約四〇人の超党派の国会議員をメンバーとする「議員タスクフォース」を組織している。公式の議員連盟とは異なり、FGFJの一環としての柔軟性のある議員グループであることが特徴で、感染症分野のキーパーソンによるブリーフィング、感染症対策支援に関心をもつ他国の国会議員との政策対話、グローバルファンド支援プロジェクトの現地視察などを行い、国会の中に根強いサポーターをつくってきた（写真10）。

私もこのブリーフィングや現地視察などに時々参加している。

例えば、二〇一三年には国会議員六人と、企業の社会的責任に関心の深い民間企業の経営者五人とともにミャンマーを視察した。アウン・サン・スーチー国民民主連盟（NLD）党首や保健大臣、ミャンマー経済界代表、開発援助機関、NGOなどとの懇談や意見交換のほかに、JICAとグローバルファンドが共同事業を行うマラリアが流行する森林地帯の村、性産業従事者やMSMなどKPが自らHIV対策を促進するドロップイン・センターなどを訪れ、グローバルファンドの支援が現場にどのように届き、そこにいかなる課題があるかを理解してもらった（写真11・12）。

写真10　議員タスクフォースメンバーとダイブル前事務局長（左から五番目）と著者（右から四番目）

また、二〇一六年には四人の国会議員とともに、インドネシアと東チモールを訪問し、両国の政治的リーダーや政府高官、医療関係者、患者やその家族、支援団体などと懇談し、国の拠点病院から村の保健施設まで様々な事業を視察した（写真13）。

また、森喜朗元内閣総理大臣を顧問、前出の逢沢議員と古川議員を共同議長として、外務省、厚生労働省、大学、研究機関、NGO、JICA、民間企業などを含む「アドバイザリーボード」が組織されている。感染症対

写真11　アウン・サン・スーチー国民民主連盟党首との会合

策における国際貢献やグローバルファンドとの連携を促進するための、まさしく官民の応援団となっている。

ＦＧＦＪの日々の活動はＪＣＩＥが担っている（写真14）。グローバルファンドへの拠出のための政府や国会議員への働きかけ、グローバルファンドや三大感染症に関する情報の収集・分析と日本語による発信、日本企業とグローバルファンドのパートナーシップの仲介、日本の報道各社に対する取材機会の提供など、総合的なアドボカシー活動を行っている。

特に、日本企業との関係では、武田薬品のグローバルファンドへの寄付プログラムは、ＪＣＩＥが国内で寄付を受け入れている。このように、日本に事務所をもたないグローバルファンドにとってＦＧＦＪは必要不可欠な存在である。

†日本の市民社会とのパートナーシップ

グローバルファンドは日本の市民社会とのパートナーシップも強固である。

八〇年代から日本のエイズ問題に取り組んできた「エイズ&ソサエティ研究会議」は、二〇〇二年のグローバルファンド発足時から、日本でグローバルファンドへの理解を広げる活動を行ってきた。

写真12　マラリア対策活動の視察。泥だらけの悪路を歩き、村人や保健ボランティアの話を聞いた後、マラリア検査・治療を行う保健師の活動を視察。

アフリカと日本の市民社会の架け橋となってきた「(特活)アフリカ日本協議会」は、エイズと闘うアフリカの当事者運動や市民社会との連帯を促進し、同じくグローバルファンド創設時からの応援団となった。二〇〇四年からはグローバルファンド理事会にも参加し、日本の市民社会の立場からグローバルファンドのガバナンスに関わった。二〇一三年以降は、特に国際保健分野に取り組む日本の市民社会の中でグローバルファンドへの理解を促進する一方、「グローバルファンド活動者ネットワーク」(GFAN)に日本の市民社会を代表して参加し、グローバルファンドと市民社会の連携強化をリードしている。

グローバルファンドの創設において、世界で大きなムーブメントを起こしたHIV陽性当事者の役割は大きい。日

写真13　東チモールでのマラリア対策を視察。村人を集団検診し、住民の血中にマラリア原虫がいるかどうかを顕微鏡で調べる。

本でも「日本HIV陽性者ネットワーク・ジャンププラス」（JaNP+）などによる活発な活動が繰り広げられ、エイズ＆ソサエティ研究会議やアフリカ日本協議会などと協力しながら、日本と世界の当事者運動の連携強化に取り組み、グローバルファンドの支援も行ってきた。

マラリアについては、「（特活）Malaria No More Japan」が日本では活発な活動を展開し、世界のマラリア対策への支援拡大に関わる啓発・政策提言などを通じて、グローバルファンドに協力している。

一方、結核など三大感染症の当事者やボランティアたちの声を政府や国会に届け、政策提言、資金調達などのアドボカシーを活発に行っているのが「（特活）日本リザルツ」である。近年は、グローバルファンドに加え、Gavi、GHITファンドなどを応援する「GGG+フォーラム」を毎年開催し、ケニアなどの現場でも保健活動やアドボカシーを通じてグローバルファンドに協力している（写真15）。

これら日本の市民団体は、連携し合いながら、三年に一度のグローバルファンド増資会合に向けて、国際シンポジウムの開催や署名運動、政策提言などを展開し、政府、国会、民間企業、マスコミなどの理解を促進している。

写真14　森元総理のGF事務局訪問（スイス・ジュネーブ）

これまでにグローバルファンドの支援事業の実施機関、またその技術支援として、現場でパートナーシップを組んだＮＰＯ・民間組織もある。「シェア＝国際保健協力市民の会」「ＡＭＤＡ社会開発機構」「（公財）結核予防会」である。

†さらなるパートナーシップへの期待

日本の政府開発援助の実施機関である「（独）国際協力機構（ＪＩＣＡ）」はアフガニスタンにおいて、グローバルファンドの資金受入機関の役割を果たしたが、今後、感染症対策のみならず、保健システム強化やＵＨＣ達成に向けて、グローバルファンドと戦略的にパートナーシップを

写真15 「ストップ結核パートナーシップ日本」親善大使、日本人初のボクシング3階級制覇を成した亀田興毅選手と、財務省にて。

組める領域や国が少なくないと感じている。

日本国内には、国立国際医療研究センター（NCGM）、結核研究所、長崎大学熱帯医学研究所など、実践・研究・人材育成に従事する優秀な専門家を抱える機関があり、グローバルファンドの支援事業で必要とする技術支援やオペレーションリサーチなどに大いに参画してもらいたいと思っている。

また、メディアでは、日本経済新聞社が二〇一四年より毎年「日経アジア感染症会議」（二〇一九年から「日経アジア・アフリカ感染症会議」と名称変更）を開催し、国内外から感染症対策に関連する行政機関・団体・学会などのステークホルダーを一堂に集めて議論し、具体的な行動計画を盛り込んだ「ステートメント」を発出してきた。また、マラリアや結核の部会をつくり、産官学の連携により具体的な日本初の技術開発などを促進しており、これからの技術がグローバルファンドの事業展開に役立てられることを期待している。

第四章

資金を集め、投資する

1　資金調達のメカニズム

†先立つものは金

営利であれ非営利であれ、組織を運営し、サービス・事業を行うための資金をいかに集めるか、確保するかは組織にとって最大の課題である。

特に、地球規模の大問題に取り組むには莫大な資金が必要であり、利潤を生まない公共サービス、無償の援助を継続するには、安定した資金調達が必須である。

国連には、加盟国の「支払能力」に応じて決められた分担金があるが、ユニセフ、WHO、国連難民高等弁務官事務所（UNHCR）などの国連の補助機関や専門機関は、分担金以外に、先進国政府からの任意拠出金などで運営する別予算がある。

国連機関でも個人や団体・企業など民間から寄付金を受けるところもあるが、その予算割合は最も多い機関で総予算の三割程度、大部分の機関は一割にも満たない。

国際的な人道支援や開発問題に取り組む民間組織の中には、一〇〇〇億円以上、中には一〇〇〇億円以上の年間予算をもつ組織もあるが、その大部分が政府からの補助金という組織もあれば、民間からの寄付のみで成り立っている組織もある。

グローバルファンドの場合、アナン元国連事務総長は「現代の発展に対する最大の挑戦」に対する「闘争資金」として基金設立を考えており、当初から莫大な額の資金調達が求められた。

最初にエイズを主要な優先課題として資金調達の目標を設定したのは二〇〇一年四月。「HIV／エイズ、結核、およびその他の関連感染症に関するアフリカ・サミット」と銘打ったアフリカ統一機構（OAU）の首脳会合である。

ここでアナン国連事務総長は、アフリカの指導者たちに向けて、エイズに対する実効性ある世界的キャンペーンを行うために年間七〇億ドルから一〇〇億ドルの「軍資金」が必要であると訴えた。さらに国際社会に向かって、その二カ月後にニューヨークで開かれる「HIV／エイズに関する国連特別総会」までに、この資金調達達成に向けた誓約をするよう求めた。

これに応えて、二〇〇一年五月に先進国の中で最初に資金拠出（二億ドル）を誓約したのはアメリカのブッシュ大統領である。

二〇〇一年六月に開催された国連エイズ総会でも、アナン国連事務総長は強いリーダーシップをもって各国からの誓約を促し、それに応えて日本政府も小泉首相（当時）から、厳しい財政事情ながら二億ドルの拠出を表明した。

こうして、二〇〇一年九月のG8ジェノバ・サミットまでに一三億ドル、二〇〇二年六月までに約二〇億ドルの資金が誓約された。

莫大な資金を安定的に、それも複数年度の保証を得て、調達する方法はないものか？　資金調達にかける費用や時間を最小限に抑えて、できるだけ多くの資金をできるだけ早く現場に送ることはできないか？

グローバルファンドのように設立して間もない国際機関が、これまで長く存続してきた国際機関やNGOと同じ資金調達方法を模倣することは得策ではない。特に、NGOなどの資金調達の仕方を見ると、民間から一〇〇億円を集めるのに、二〇億

写真16　国際会議でグローバルファンドへの拠出表明を行う小泉首相（2005年6月）。右から山本正 JCIE 理事長、神余隆博外務省国際社会協力部長、森喜朗元総理大臣（肩書きはすべて当時）。

円以上を広報費や事務経費にかけることもある現実も直視しなければならない。

そこで最終的に出した答えは、グローバルファンドのビジネスモデル「二一世紀型パートナーシップ」を最大限に活用すること、特に国際機関およびドナー国のみならず、実施国政府の首脳のコミットメント、NGOや市民社会、当事者組織などの草の根の支援・協力を得ることであった。

実施国にとっては、今年は二〇億円、来年は五億円、その翌年はいくら支援してもらえるかわからないという不確実な援助では、腰を据えた事業はできない。

できるだけ安定した資金を確保するため、三大感染症対策に必要な資金額を三年ごと（初回は二年）に算定し、国際社会のリーダーに音頭を取ってもらいながら、世界に呼びかけて資金を調達することになった。これを「増資」と呼び、各国が資金拠出を表明する「増資会合」とおよそ六カ月前に開かれる「増資準備会合」の二会合から成り立っている。

†三年に一度の増資会合

第一次増資会合は二〇〇五年にG8グレンイーグルズ・サミットの議長を務めた英国のブレア首相、第二次は二〇〇七年にドイツのメルケル首相、第三次は二〇一〇年にパン・ギムン国連事務総長、第四次は二〇一三年にオバマ米国大統領、第五次は二〇一六年にカナダのトルドー首相が主催した。第六次は二〇一九年一〇月にフランスのマクロン大統領が主催する。

増資のプロセスは、パートナーとともに国際目標に沿って、今後三年間に三大感染症対策に必要とされる投資計画を作成し、その増資期間の資金調達の目標額を発表する「増資準備会合」から始まる。市民社会や国際機関を含めた様々な組織の協力を得て、増資の必要性を訴える増資キャンペーンを経て、準備会合の半年後くらいに各ドナーが資金拠出を表明する「増資会合」が執り行われる。ドナーの中には増資準備会合で、または増資会合前後に資金拠出を表明するものもある。

二〇一五年、日本政府はグローバルファンドの第五次増資準備会合を主催し、岸田外務大臣（当時）をはじめ、マーガレット・チャンWHO事務局長やテドロス・アダノム・ゲブレイェスス・エチオピア外務大臣（現WHO事務局長）なども勢ぞろいした。

このような努力により、グローバルファンドは二〇〇二年の創設から二〇一九年三月末までに累計で四七八億ドル、二〇一九年末までの誓約を含めると約五一〇億ドルを得ている。

その主要ドナーと累計拠出額を表1に示すが、資金の九四％はG7諸国をはじめとする政府やEUなどの公的部門から、それ以外の六％は企業、財団や個人から拠出されている。民間部門の七割はゲイツ財団である。

ちなみに、五〇〇億ドルは日本円でおよそ五兆五〇〇〇億円、二〇一九年の東京都の税収とほぼ同額、日本の年間医療費の約八分の一である。

政府ドナー（約63カ国1機関）		民間ドナー	
総額　約448億5155万ドル		総額　約27億2098万ドル	
主要拠出国（累計で10億ドル以上の拠出国）		主要ドナー（累計で900万ドル以上のドナー）	
米国	144億9788万	ビル&メリンダ・ゲイツ財団	20億2935万
フランス	58億8761万	(RED)	4億2153万
イギリス	44億7406万	シェブロン	6000万
ドイツ	34億7490万	コミック・リリーフ	3112万
日本	34億5997万	合同メソジスト教会	2386万
欧州委員会	25億5555万	タヒル財団	2134万
カナダ	24億563万	Idol Gives Back（米国のテレビ番組「アメリカン・アイドル」のチャリティ特番）	1660万
スウェーデン	14億1425万	BHP ビルトン	1000万
イタリア	12億3479万	武田薬品	977万
オランダ	11億9372万	国連財団を通じた個別寄付	955万
ノルウェー	10億1594万		

その他ドナー	
総額　約6億6868万ドル	
AMFm（マラリア治療薬品購入促進ファシリティ）	5億3746万
Debt2Health（債務振り替え）	1億3122万

表1　グローバルファンドの主要ドナーと累計拠出額（単位：USドル）（2019年4月10日現在、提供：グローバルファンド）

†資金調達に重要な要素

すべての活動にいえることだが、特に資金調達には「パトス（共感）」と「ロゴス（論理）」と「エトス（信頼）」の三つが重要だと私は常々思っている。

「パトス」は、よくNGOなどの広報活動で見られるが、貧困や病気に苦しむ子どもを助けるなど、人々の心に訴えかけて共感を得ること、またそのような活動をする団体・個人のパッション ・情熱に心を動かされて、寄付しよう、資金を提供しようという気持ちを促すこと。

「ロゴス」は、なぜその資金が必要なのか、資金供与や寄付によって社会が、世界がどのようによくなるのか、資金提供者がどのような益を受けるのか、といったロジック・理由によって人々の頭に訴えかけて、資金を提供しようという行動を促すことである。「エトス」は、道徳的に正しい、社会的に重要な活動を適切に実施することで、資金提供者や寄付者との信頼関係をつくり、その信頼で寄付や資金提供を促すことである。

これは民間企業の資金調達、利潤追求でも同じことであろう。企業が提供する商品やサービスに対して、顧客が心と頭で納得・満足し、信頼を生まなければ、十分な利益は生まれない。商品やサービスという目に見える対価がある場合に比べて、グローバルファンドのような無償援助に民間からの寄付や政府からの資金供与を得るには、より高次のパトス・ロゴス・エトスが要求される。

特に、政府からの資金供与は国民の税金である。高いレベルでのロゴスとエトスが求められる。担当省庁（政府開発援助は多くの場合、外務省）のみならず、財務省の審査・評価を受け、資金供与する理由をきちんと説明できなくてはならない。

私も以前、外務省で働いていたことがあるが、限られた予算を多くの援助機関やNGO組織に配分する際に、次の三つの質問を問いかけることが重要だと感じている。「予算は何に使われるのか（目的）」「どれほどのインパクトを社会・世界にもたらすのか（成果）」「日本にとってどのように重要なのか（国益）」である。これらは日本以外のドナーにとっても重要だが、自国の政策や戦略が強い国にとっては、もう一つ重要な質問がある。それは

「自国の外交政策や援助戦略にマッチしているか（戦略）」である。

†目標額とターゲットの設定

「ロゴス」を基に必要なニーズ・必要予算を算出し、「エトス」に従って事業を実施し、もたらす成果を示すことで「パトス」を得る。グローバルファンドはこの好循環、ポジティブなスパイラルの中でこれまで増資を成功してきたと私は個人的に考えている。

「ロゴス」は独りよがりで不透明な推計であってはならない。国際目標を達成するための必要な資金の算出、そのうちどのくらいをグローバルファンドが責任をもって調達すべきなのかの客観的・科学的分析は、WHO、UNAIDS、RBMなどの国際機関やインペリアル・カレッジ・ロンドンなどの大学・研究機関とともに行ってきた。これが投資計画といわれるもので、私の直属の戦略情報部が担当している。

この投資計画の結果は、二〇三〇年の国際目標を達成するには、グローバルファンドが支援している低中所得国で二〇二〇〜二〇二二年の三年間で合計一〇一〇億ドル、内訳としてHIV対策に五四〇億ドル、結核対策に二七〇億ドル、マラリア対策に二〇〇億ドルを要するというものであった。このうち、四五八億ドルは実施国政府などの国内資金から、二三三億ドルは他の援助機関から拠出されることが期待され、不足分は三二九億ドル。このうちの最低一四〇億ドルがグローバルファンドの今後三年間の資金調達目標となった。

これは前回の増資に比べ一八億ドル（一五％）増であり、感染症対策が進展しているため、増資の目標額は減るだろうと予測したドナーは驚いたかもしれない。一方で、二〇三〇年の国際目標達成のためのグローバルプランを知っている援助機関、専門家、市民社会にとっては、その目標額で足りるのか、との懸念も持たせた。

というのも、感染症対策において国際的に著しい成果が現れているが、他方で生存するＨＩＶ陽性者は増加するため治療費全体は下がらないこと、感染・発病しながら検査・治療がなされていない人がＨＩＶ・結核だけでも年間一〇〇〇万人以上もおり、これらの人々にサービスを拡大する必要があること、三大感染症はいずれも死亡数には大きな減少がみられながら感染者数はなかなか減らないため、感染予防をより強化する必要があること、マラリアが流行するアフリカでは人口が未だ急増しており、その子どもや女性への長期残効殺虫剤処理蚊帳や屋内残効殺虫剤散布のニーズが高いこと、それでいながら殺虫剤耐性が生じているため、単価の高い製品を使わなければならないこと、など様々な要因があり、グローバルプランではより高い目標が設定されているのである。

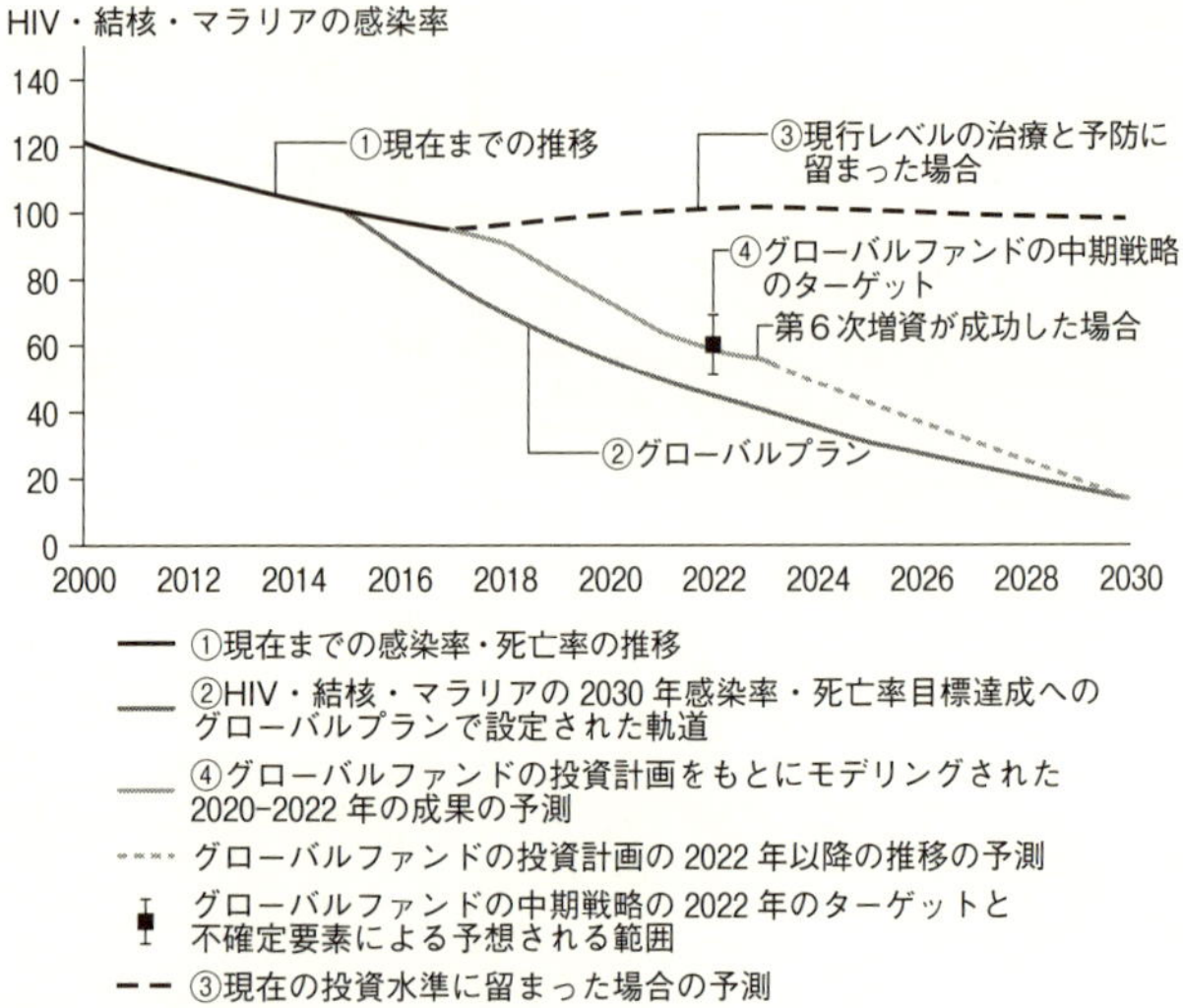

図８　GF の投資計画の３つのシナリオ
（出典：グローバルファンド投資計画、2019）

†グローバルファンドの未来予測

投資計画では三つのシナリオを検討し、その未来予測を描いた（図8）。

①は現在までの罹患率と死亡率の低下の推移を示し、そこから将来に向けて三つの軌道が示されている。

②は、二〇一五年に二〇三〇年までの三大感染症の流行終息をめざし、WHOを含む国際社会が合意して決めた三大感染症のグローバルプラン「私たちがたどるべき軌道」である。

③は、現行と同じレベルの治療と予防に留まった場合の予測で、人口増や、予防・治療を受けられず感染を拡大する人々の存在により感染流行が悪化し

てしまう。

④は、国際援助資金がこれまでと同じレベルに保たれ、途上国の国内資金が前の三年間（二〇一七～一九年）に比べて次の三年間（二〇二〇～二二年）で四一％増加し、さらにイノベーションや協働、綿密な事業実施が促進されて、介入・サービスの提供の効率や効果が改善された状態を仮定して、グローバルファンドが今後三年間で資金調達目標一四〇億ドルを活用した場合の軌道である。

今後三年間で一四〇億ドルを投資し、国内資金、他の国際援助、介入・サービスの最適化などすべての仮定が揃った場合、次のような成果を生むことが理論上示されている。

- 一六〇〇万人の命を救い、死亡率を二〇一七年に比し五二％減少させる
- 二億三四〇〇万人の感染を予防し、感染率を二〇一七年に比し四二％減少させる
- 三大感染症による死亡数を二〇〇五年の四一〇万人、二〇一七年の二五〇万人から一三〇万人に減少させる
- 年間四〇億ドル以上の直接投資を通じて各国の保健システムを強化する
- 共同出資メカニズムと保健財政の技術支援により四六〇億ドルの国内資金を引き出す
- サーベイランス、診断、緊急対応の能力強化などにより国際保健保障を促進する

・ジェンダー、人権を含め健康上の不公正を是正していく
・一九倍の投資効果、健康リターンを得る

この投資計画の概要は、二〇一九年一月にグローバルファンドの事務局長ピーター・サンズから、第六次増資会合を主催するフランスのマクロン大統領に伝えられ、早速、ロイター、BBCなどでも報じられた。

二〇一九年二月にはインド政府主催で、ニューデリーで第六次準備会合が開かれ、投資計画の詳細な内容が発表された。各国政府、ドナー、国際機関などの技術パートナー、市民社会団体が集まり、増資で目標額を調達できた場合に何が達成できるか、グローバルヘルスの進捗を阻む新たな脅威は何か、そして今、闘いを強化しない場合に生じるリスクについて協議した。

第六次増資会合は二〇一九年一〇月にフランスのリヨンで開催されるが、ここでどれだけの誓約をするかで、今後の世界の感染症の動向が決まるといえる。

ちなみに、フランスはグローバルファンドの創設メンバー国の一つで、これまで四二億ユーロを拠出して米国に次ぎ第二位のドナー国である。マクロン大統領は、保健医療を開発政策の優先事項と位置づけており、増資会合を主催することは、マクロン大統領の三大感染症との闘いに対する強いコミットメントの表れでもある。

†国内資金の動員

「開発途上国は貧しいので、保健医療や感染症対策にかけるお金がない」というのはある意味で事実だが、別の意味では正しくない。

確かに、世界では基本的保健医療サービスに一人当たり八六ドル（約九〇〇〇円）以上は必要といわれる中、国民一人当たりの平均月収が三〇〇〇円にも満たない国や、政府が公的医療費として年間三〇〇円程度しか支出しない国もある。ちなみに、二〇一八年度における日本の医療費は年間人口一人当たり約三三万円で、うち約一三万円が公的負担となっており、国の経済力によって公的な医療費の支払い能力は大きく異なる。

しかし、本当に途上国にお金がないのか、というとそうでもない。

例えば、二〇一五年の南スーダンの保健予算は、国家予算のわずか二・二％（一人当たり保健医療予算は約七〇〇円）、ナイジェリア保健医療予算は国家予算の六・四％（一人当たり保健医療予算は約一八〇〇円）だが、この両国とも石油を算出し、そのオイルマネーで本来ならば国は潤い、かなりの予算を保健医療に割り当てることが可能といわれている。

このような国で公的医療負担を増加させるには、公金の不正流用や汚職の防止を含めたガバナンスの強化や税制の改革などが必要で、実際に国際社会によって様々な介入が試みられている。これまで急速に改善が見られた国もあるが、遅々として進まない国もある。

これに対してグローバルファンドでは、すべての国のガバナンスや税制などの改革を待っていられないので、政府予算を感染症対策や保健医療分野に向けさせるための独自のメカニズムを開発しすべての国に導入している。それが「共同資金供与メカニズム」である。

これはグローバルファンドが資金提供する際に、その条件として実施国にも感染症対策または保健医療システム強化への政府予算の増額を約束させるものである。国によって経済力が異なるため、その経済力に応じて共同資金供与の割合を変える、さらなる国内資金の動員を目的に報償資金を設けるなど様々なメカニズムを施行してきたが、二〇一七〜二二年のグラントサイクルでは、さらなる国内資金の増額と持続可能性をめざして、新たにSTC政策を策定し、過去に各国が拠出した国内資金以上に増額した場合にのみ、グローバルファンドが配分予定の資金の一五％を拠出するという単純なものになっている。

このような努力の結果、国内資金はグローバルファンドが支援する国全体で、二〇一二〜一四年の資金供与サイクルから二〇一五〜一七年のサイクルにかけて三三％増加した。

アフリカ首脳たちは二〇〇一年のアフリカ連合会議で「公的医療支出を国の一般財政支出の一五％以上にする」とのアブジャ宣言に合意したが、現在、それを満たしている国はわずか二カ国である。パートナーシップモデルを駆使してこの国内資金をいかにして動員していくかはグローバルファンドの役割として今後ますます重要になっていくだろう。

†革新的資金創出メカニズム

グローバルファンドの資金と他の援助機関からの支援に国内資金を合わせても、感染症対策のニーズが満たされないような国には、「革新的メカニズム」を模索している。

例えば、「債務を保健へ（D2H）」イニシアティブでは、債権国が債務国に対して有する債権の一部を免除し、債務国がその資金の一定の割合をグローバルファンドに拠出し、グローバルファンドはその債務国における支援プログラムに資金を充てている。

開発途上国は、経済発展のため、先進国・開発機関から無償援助のみならず、有償で、つまり低金利で融資を受ける、自国・外貨建て国債の発行をする、など様々な手段を用いて資金調達を行ってきた。特に一九八〇年代以降は、世界的な金融自由化も手伝い、途上国に多くの融資がなされた。しかし、もともと税収基盤は脆弱で、政治不安や経済問題、通貨・金融危機などが頻発し、最終的に債務の返済ができず、債務不履行（デフォルト）に陥ることもあった。

これに対して、グローバルファンドはスペイン、オーストラリア、ドイツ政府などとパートナーシップを組み、合計約二億ユーロをD2Hイニシアティブとして債務から保健への投資に切り替えた。

例えば、ドイツは一九〇〇万ユーロの債務をコートジボワールのＨＩＶ事業に、一〇〇〇万ユーロの債務をエルサルバドルの保健システム強化支援に投資することで帳消しにした。

革新的資金調達として、ローン・バイ・ダウンという方法もある。これは、開発途上国が有償資金協力において、ローンの金利部分を支払うのを躊躇することがあるため、グローバルファンドの無償資金で部分的肩代わりや金利ディスカウントをして、開発途上国が借りやすいようにし、それによって大規模な感染症対策や保健システム強化の事業を行うことである。

現在、インドにおいて、アジア開発銀行とグローバルファンドとのパートナーシップでローン・バイ・ダウンによる大規模な結核対策事業を計画している。

他の革新的資金創出メカニズムとして注目しているのが「社会インパクト債（ＳＩＢ）」である。ご存知の方も多いと思うが、これは二〇一〇年にイギリスで始まった、官民連携による成果連動型の社会的インパクト投資の手法の一つである。

「債（Bond）」とあるが、これは「債券」ではなく、民間の資金提供者から調達する資金を基に、サービス提供者が効果的なサービスを行い、あらかじめ合意した成果を達成した場合のみ、行政などが資金提供者に資金と報酬を償還する仕組みである。

グローバルファンドでは以前、モザンビークのマラリア対策に「開発インパクト債（ＤＩＢ）」を導入しようと試みたが時期尚早であった。現在は南アフリカで思春期の女子と若い女性のHIV感染予防、若年妊娠の防止、中学教育の促進の三つを目的にSIBの導入を試みている。

†民間からの資金

第三章でも述べたが、様々な民間企業、財団や個人などがグローバルファンドに資金提供をしている。前出の世界最大手の石油関連企業であるシェブロンは六〇〇〇万ドル、プロダクト(RED)は二〇一八年末までに六億ドル、武田薬品は約一〇〇〇万ドルをグローバルファンドに寄付している。さらにコカ・コーラやエコバンク、スタンダード銀行、ユニリーバなど、寄付金のほかプロボノで知見を提供して、流通の改善や財務管理の強化に貢献している。

2 投資という考え方

†学び合う営利と非営利

最近、営利組織と非営利組織は、いかに資金を活用し、何を求めていくのか、という点でお互いに学び合っている。

まず、公的機関や非営利組織が学んでいるのは、これまで営利組織が使ってきた「投資」という考え方だ。

公的サービスや慈善事業などには競争原理が働かず、その「行為」自体が重要で、サービスの実質的な効果や質はあまり問われなかった時代がある。日本のみならず、世界でも「民営化」によって市場競争の原理が働くようになり、サービスの質が上がり、利用者の利便性が向上したという例はよく見られる。

公共事業や慈善事業は営利目的でないので、「資金を投資する」という表現に違和感を抱く人もいるかもしれない。しかし、そこに国民の税金や善意のある人々の寄付が使われていることを考えると、その資金によってどれほどのリターンが生まれるのか、という投資の観点から厳しく吟味することも重要になっている。

ただし、この「リターン」は会社や個人の「儲け」ではなく、社会的にどれほどの経済的効果を生むのか、インパクトを与えるのか、という「社会的利益」である。

また逆に、営利組織・民間企業も、これまで公的組織・非営利組織が対象としてきた社会的ニーズや課題に目を向け、資金を活用して自社の利益だけでなく、社会の利益も追求しようとの動きが活発化している。

自らの組織活動が社会に与える影響に責任をもち、社会の一員として責任を果たすべきとの考えをもつ日本企業はかなり昔からあったが、「企業の社会的責任（CSR）」が注目され、広がり始めたのは二〇〇三年頃からといわれる。

さらに、最近では、企業の社会的責任のあり方として、二〇一一年にハーバードビジネススクールのマイケル・ポーター教授が提唱した「共有価値の創造（CSV）」という概念が広まっている。

CSRが「企業が社会に与えるかもしれないネガティブな影響に対して責任をもって対処する」という守りの姿勢から始まり、「社会的に何かよいことをする」という考え方で資金を活用していたのに対して、CSVでは「企業の活動自体が社会にポジティブな影響を与えられる」というより積極的な姿勢で、「自社の利益と社会の利益の両方の価値を創造できる」というものである。

読者もご存知の通り、これは日本の企業経営にとって新しい発想ではない。江戸時代から明治にかけて活躍した近江商人の経営哲学、「商売において売り手と買い手が満足するのは当然のこと、社会に貢献できてこそよい商売といえる」という考え方である、「売り手によし、買い手によし、世間によし」を示す「三方《さんぽう》よし」はあまりにも有名で、伊藤忠商事をはじめ、多くの企業の経営理念の根幹となっている。

ではなぜ、いま日本でCSVが広がっているかというと、ステークホルダーからの社会的プレッシャーの増大、従来式の経営計画の限界、そしてSDGsのような国際的な枠組み・原則の整備・進展などがあるようである。

さらに近年、社会課題が多様化する中、行政による対応・対策には限界があるため、ビジネスにおける投資とNPOにおける寄付との間をつなぐような、「社会的投資」「ソーシャルビジネス」という動きも広がってきている。

社会的投資とは、社会的・経済的双方の目的の実現をめざす投資で、無償で提供されるグラントや寄付と異なり、元本の返却や利子・配当の提供も求めながらも、社会的な課題も解決しようという投資行動で、社会的責任投資や社会的インパクト投資、社会的インパクト債券などがある。

ソーシャルビジネスとは、「社会性」「事業性」「革新性」の三つを満たすビジネスで、子育て・高齢者・障がい者の支援や、地方活性、環境保護、貧困、差別問題など、様々な社会問題の解決をめざして、ミッションをビジネスの形に表し、新しい社会的商品・サービス、それを提供する仕組みを開発、活用することで、新しい社会的価値を創出するものといわれる。

このように非営利と営利、公と民はお互いに学び合い、その間を埋める、またつなぐようなメカニズムや活動が広がり、未来に向けて潮流が生じている。

3　グローバルファンドの投資

†ラウンド制の資金供与

グローバルファンドはこの非営利と営利、公と民の間での学び合い、そしてつなぐような活動を、二〇〇二年の早い時期に世界で形にしようと試行しはじめ、現在でも、前述したような革新的資金調達などを通じて追求している。

グローバルファンドでは、資金を有償ではなく無償で供与するが、二〇〇二年の創設当時から資金活用を「投資」と呼び、「社会的リターン」「社会的利益」を最大化して投資家（ドナーである政府や民間など）にその成果やインパクトを示し、それを基に次の投資資金を得てきた。

第一章で述べたような世界の危機的状況の中、「この状況を乗り越えなければならない」との実施国や援助機関の強い思いに対し、ドナー側も強い使命感によって投資するが、それと同時に高い説明責任、それに見合う大きな成果・リターンを期待していたのである。

しかし、初めからこのような投資に成功したわけではない。

創設当時は、事態の緊急性から、集めた資金を迅速にニーズのある国に届け、必須サービスを拡大しなければならなかったため、資金が集まると世界に向けて公募し、申請された事業計画書を審査してその合否を決めた。これを「ラウンド制」と呼び、二〇〇二年の創設から二〇一一年までの一〇年間、一〇回のラウンドで資金を供与してきた。

このように事業を募集し、選考して予算をつける方法は、現在でも様々なドナー、国際機関によってなされている。ニーズに応じて事業実施責任者が事業計画書を提出し、その内容が妥当か、実施責任者に管理・執行能力などがあるか、などを審査して選ぶので、明確で単純な方法でもある。

一方で、時間と労力をかけて申請をしても資金が得られるとは限らず、また、一度支援を受けても、数年後も支援を得られるかは不明で、国として中長期的計画が作れないことが問題である。

また、感染症流行が深刻で多くの課題を抱えながら、現場に十分なデータがなく、政府のガバナンスが弱い、援助機関や市民社会の支援も少ないなどの理由で、資金供与を得られない、またはニーズよりも少ない援助しか得られない。逆に、ガバナンスが良好で、欧米の優秀なコンサルタントを雇って申請書を作成することで、審査の評価が高く、必要以上の資金を得てしまう、などの問題も浮かび上がった。

グローバルファンドの原則である「パフォーマンスに基づいた資金供与」に従うと、事業開始後、その予算執行や事業の進捗が悪いと資金供与額を下げる、事業の継続や新事業の申請時に十分な予算がつかない、という結果となる。これでは、国に管理・執行能力がないからパフォーマンスが悪い、悪いから資金がつかない、資金がつかないから国の能力が上がらない、という悪循環に陥ることもあったのである。

†攻めの支援

これらを改善するために、二〇一三年から新規資金供与モデルを導入した。

これは、世界全体でのインパクトを最大化するため、感染症流行と国の経済力などに応じて各国に事前に資金配分をし、各国との対話や技術支援を活発化し、よりよい事業計画を作り、事業実施も積極的に支援していこうというものである。言うなれば、受け身でなく、攻めの支援である。

図9の通り、まずは現地のニーズを考慮し、次項で後述するような方法で各国への資金配分を決め、通知する。各国はそれを基に、国別調整メカニズム（CCM）を通じて、申請書（コンセプトノート）を作成して事務局に提出する。

この申請書は、各国の主体性を尊重し、国の戦略や投資計画に基づいて作成される。ただし、国家戦略が策定されていない、またはその質が不十分で、それに基づいた事業計画ができない

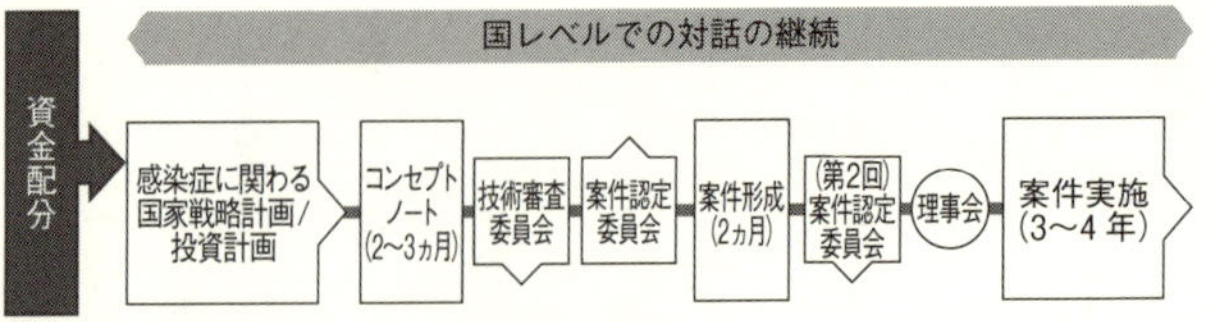

図９　GFの資金配分から案件実施までの流れ
（出典：グローバルファンド、2018）

場合には、事務局の国別チームや専門家、またＷＨＯ、世界銀行、ＵＮＡＩＤＳなどとともに、国家戦略策定・改正や事業計画作りの支援を行う。

　この事業計画書は専門家から成る技術審査委員会（ＴＲＰ）によって審査されるが、ここでは事業に予算をつけるか否かの判断ではなく、よりよい案件にするための留意点や勧告が示される。この審査結果は案件認定委員会（ＧＡＣ）に送られ、事務局の国別チームや専門家チーム、ＷＨＯやＵＮＡＩＤＳなどの国際機関などによって討議され、最終的に各国に指示・勧告する内容を決める。

　これらを基に、各国のＣＣＭは申請案件を具体的な事業計画に発展させ、資金受入責任機関とともに、実施機関のプログラム実施能力、事業内容やガイドラインへのコンプライアンスなどの査定をする。その間に、必要に応じて案件認定委員会による再審査が行われ、供与額内訳などが再調整され、最終的に実施可能とみなされた案件が案件認定委員会から理事会に推薦され、資金供与の承認を受ける。

　資金配分が各国に通知された後、一年間で約一三〇カ国から三〇〇近い申請書が提出される。このプロセスを迅速化するため、頻繁に（二ヵ月に一回など）技術審査委員会と案件認定委員会を開き、理事会の討議・承認も電子メールで進めることもある。

†資金の分配方法

調達された資金をどのように各国に配分するか、各国で解決できない問題は、国際レベルでどのように資金活用して国を支援するか、この資金配分の方法・プロセスは最終的な成果・インパクトを左右する。この配分には完璧な方法がないので、三年ごとに成果・インパクトを分析し、増資の結果を見ながら改正している。

二〇一九年の増資の結果から、二〇二〇〜二二年の三年間にいくらの資金を活用できるかがわかるので、現在、本書執筆中に、理事会の委員会などで熱い議論が繰り広げられている。というのも、この配分方法によっては、国に配分される事業資金が、時に日本円にして数億円の違いをもたらすからである。

参考までに、二〇一七〜一九年の資金の配分方法は以下のようなものである。

①増資によって誓約された総額一三〇億から八億ドル分の「触媒資金」を差し引く。これは各国の努力だけでは十分に解決できない課題に対して、触媒的な役割を果たすもので、それには、様々なアプローチがある。

②便宜上、国際的な疾病負担を基に計算して求めた疾病配分（HIV五〇％、マラリア三二％、結核一八％）を用いて、仮の各疾病への資金配分を計算する。これに基づき、各国の疾病負担と経済力（一人当たりGNI）を使った計算式で各国への資金割当てを計算し、各国への仮の資金配分を求める。

さらに、これを他の援助機関などからの外部資金や割当の占有率などをチェックして調整する。疾病負担が大きな国でも資金配分は最大で一〇％を超えない、疾病負担が小さな国でも五〇万ドルを下らない、といった上限と下限を決めている。さらに、以前のラウンド制の時に供与していた資金と、この配分方式によって供与する資金との間に大きな差がある国があり、事業を混乱させないように資金配分が調整される。

③各国への資金配分を比較検討し、近年の感染症急増、KPが抱える問題の深刻度、マラリア排除の可能性など、資金ニーズが高い国を考慮し、再度、資金配分の調整を行う。

④最終的に決定した資金配分額は各国に通知されるが、それぞれに国のニーズや優先順位に応じて、三つの感染症事業および保健システム強化事業にどのように配分するかは各国が決定する権利をもっている。

この配分の計算・プロセスは複雑だが、要するに、一三〇カ国以上の国々に流行する三つの感染症流行の度合いとそれに対応できる国の経済力の有無を最重要視し、他の援助機関の支援額などの因子で調整し、感染症流行の度合いが大きく、国の経済力が低く、他の援助が少ない国により多くの資金が配分されるようになっている。

4　資金を活用する

†保健医療分野での貢献

図10に示す通り、これまで二〇〇二～一八年末に三六〇億ドルの資金が一四〇カ国以上の国々の感染症対策や保健システム強化に投資されてきた。年間予算は約四〇億ドルで、これは保健医療分野では国際機関の中で最大の投資金額であるが、日本の医療費に比べると一〇〇分の一程度である。

これらはＨＩＶ、結核、マラリアの対策の間で、およそ五対二対三の割合で活用されている。国際援助の中でグローバルファンドの支援が占める割合は大きく、結核対策で七〇％、マラリア対策で六〇％であるが、ＨＩＶ対策では米国の援助額が大きいため二〇％となっている。

各国は保健システム強化に関わる事業を三大感染症と別に申請することもできるが、その場合、新たな資金受入責任機関を決め、手続きが面倒で管理コストも余計にかかるため、エイズ、

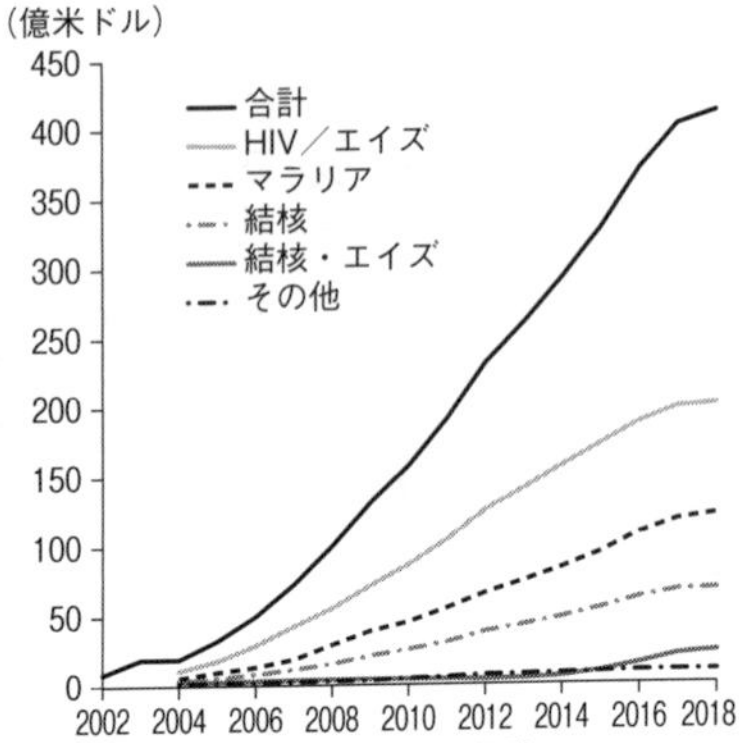

図10　GFの疾病別資金投資の推移
（出典：グローバルファンド公表データ）

結核、マラリアの疾病別事業の中に保健システム強化事業を加えて申請する場合が多い。

したがって、我々は保健システムへの投資を定期的にモニタリング・分析しているが、それによると現在、国のグラント（供与する資金）の二七％が保健システムの支援・強化に活用され、年間一〇億ドル以上である。これは国際機関の中で最大の投資額である。

グローバルファンドの事業の実施機関としては、約半分が保健省などの政府・公的機関、三割がNGOや市民社会、当事者組織、それ以外が国際機関である。政府に強いリーダーシップとガバナンス、管理・執行能力がある国では、保健省の疾病対策課や国家エイズ委員会、国家結核プログラムなどが中心になって事業を管理し、国内に広がる公的病院や診療所、さらに地域保健員などのネットワークを駆使して効果的な感染症対策を展開できる。

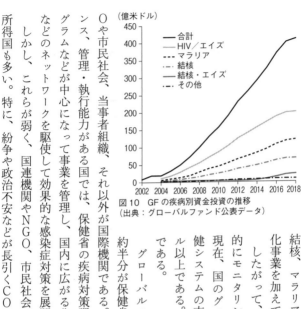

しかし、これらが弱く、国連機関やNGO、市民社会が実施を支援しなければならない低中所得国も多い。特に、紛争や政治不安などが長引くCOEでは管理・執行能力がゼロに等しい

場所もある。そのような国では、グローバルファンドの資金管理はその能力の高い大手の国際NGO（国際赤十字赤新月社連盟〔IFRC〕、ワールドビジョンなど）や国際機関（ユニセフや国連開発計画〔UNDP〕など）が行い、一部のサービスを政府・公的機関が担うこともある。

例えば、ソマリアには暫定政府以外に、国際的には認められていない独立・自治統治を宣言した複数の政府があるため、グローバルファンドの調整会議などではすべての政府代表を招聘するが、実質的にはユニセフなどの国連機関と国際および現地のNGOによって事業を管理・実施していた。

グローバルファンドの資金の使途としては、医薬品や診断薬、検査機器などの物資購入・調達とそのサプライチェーン管理が圧倒的に多く全体の約五五％を占め、人材育成を含む人材関連に二四％、モニタリング・評価、技術支援などが六％である。

以下、感染症別に具体的にどのようなサービスに資金を活用しているのかを説明したい。

†HIV対策

図11に示す通り、二〇一七年末でHIV感染者は世界で推計三六九〇万人いるが、このうち検査を受けて自分が感染していることを知っている人は七五％、ARTを受けている人が五九％、HIVのウィルス量が抑えられている、すなわち治療効果が現れている人は四七％である。

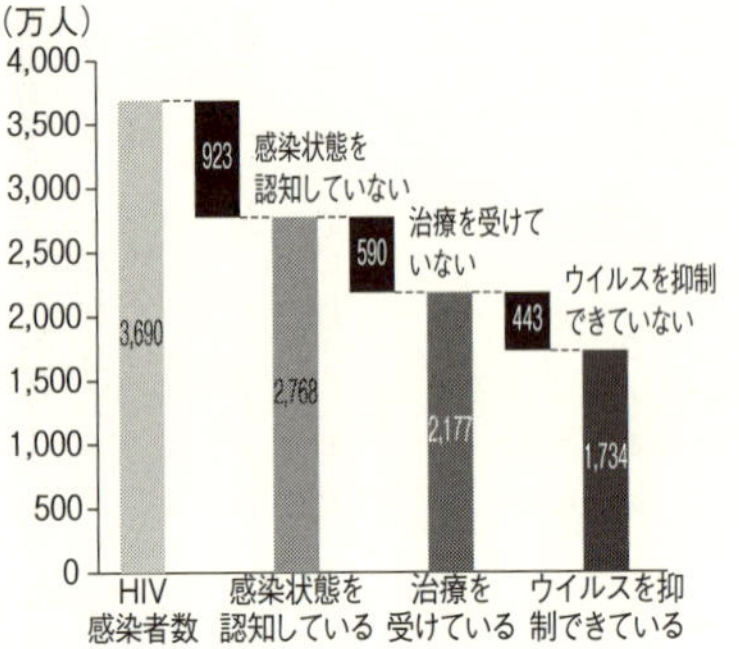

図 11　世界の HIV 感染者の検査・治療カスケード、2017 年
（出典：UNAIDS, Global AIDS Update 2018）

すなわち、世界では未だに自分の感染を知らずに生活しているＨＩＶ感染者が九二〇万人、治療を受けていない感染者が一五二〇万人もいる計算である。

国際目標である二〇三〇年までの感染症流行の終息には、予防・治療・ケア・サポートのすべてが必要だが、中でも（一）ＨＩＶに感染していながら自分の感染を知らない人々の検査・治療、（二）ＨＩＶ感染を知りながら無治療、または治療していないながら（薬剤耐性などによって）効果が現れていない人々への適切な治療、そして（三）未感染の人々、特にハイリスク集団への予防、の三つが重要である。

これに対し、グローバルファンドはＨＩＶ対策として資金のおよそ六割を治療、二割を予防、それ以外をこの双方を支える人材育成や情報管理、事業の運営管理などに投資してきた。

世界のＨＩＶ対策の多大な需要に対して資金は限られているため、地域や国の状況に応じて、効果的な資金投資をする必要がある。図12の通り、地域によって流行状況は大きく異なる。東部・南部アフリカでは一般の人々が八割以上感染しているのに比べ、東欧・中央アジアでは性産業の顧客やＫＰのパートナーが三分の一以上、東欧・中央アジアでは注射薬物使用者が約四割を占め、九七％がＫＰ、またはその顧客・パートナーである。

アフリカでは未だに国内で二〇〇万人以上に検査・治療が届いていない国もあるため、検査・治療の拡大には今後も多大な投資が必要である。特に、近年では、ＨＩＶ感染者を発見して早期にＡＲＴを行うことで、本人の生命予後の延長のみならず、性行為や出産などによる他人や子どもへの感染を低減できるため、感染が確認されたらすぐに治療を開始する政策が勧められている。一方、グローバルファンドの資金にも限界があり、その需要に十分応えられず、感染がわかってもすぐに治療ができない国もある。

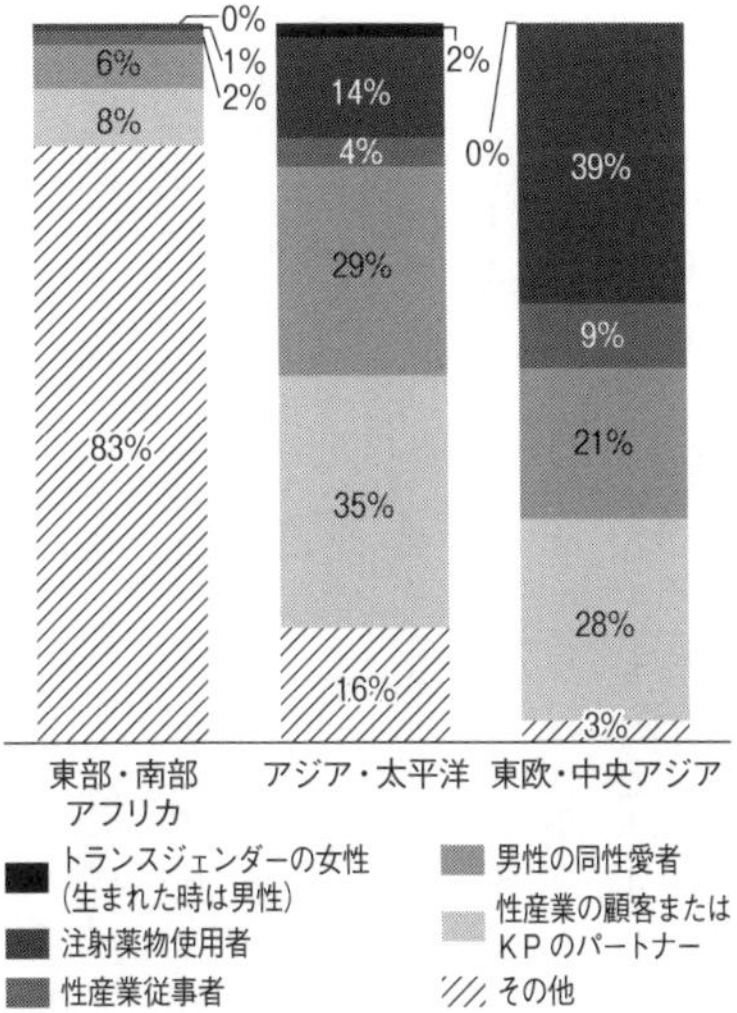

図 12　世界の地域別人口集団別 HIV 新規感染者割合、2017 年
（出典：UNAIDS, Global AIDS Update 2018）

予防については、母子感染が最も重要で、多くの国で支援している。ＨＩＶ陽性の母親から子どもには、子宮内、出産時、母乳によってＨＩＶが感染し、その確率は二〜六人に一人と高いが、母親と出産後の子ど

もにARTを行うことで、その感染確率をゼロに近づけることができる。

男性に対するHIV予防として「自発的医学的男性包茎手術（VMMC）」という方法がある。簡単にいえば「包茎手術」、つまり陰茎の包皮を切除し、亀頭を露出させる手術である。割礼という言い方もあるが、このように長い名称となっているのは、強制的でなく自発的なものである、宗教的ではなくあくまで医療的な目的で行う、女性にも性器切除の習慣があるのでそれと区別する、などの理由からである。

VMMCを実施すると、しなかった場合に比べて、異性間性行為による男性のHIV感染リスクが六〇％以上も低下することが証明されている。包茎の場合、亀頭と包皮の間で繁殖する細菌がHIVを引き寄せる、包皮内にはHIVの受容体が多く存在する、性交中に包皮が裂傷してHIVが侵入しやすくなる、などの理由からHIV感染が起こりやすいと考えられており、包皮を取り除く包茎手術によって効果がもたらされる。

グローバルファンドはパートナー機関とともに、HIVが流行し、かつ男子割礼率の低い東・南アフリカ一四カ国において、一五〜四九歳までの男性を対象にVMMCを拡大してきた（写真17）。特に、サハラ以南のアフリカ地域では二〇〜三九歳の男性のHIV感染リスクが高いため、性活動が始まる早い時期にVMMCを行うことが勧められてきた。二〇〇八年にこのプログラムは開始され、二〇一七年末には約四〇〇〇万人にサービスが行き渡っている。

アフリカで毎日約一〇〇〇人がＨＩＶに感染しているといわれる思春期の女子と若い女性に対しては、特に感染率の高いアフリカ一三カ国で支援を強化している。単に検査・治療サービスを拡大するだけでは防げないので、一五～二四歳の女性に対する中等および高等教育の推進、ライフスキルや雇用促進を含むエンパワメント、地域のリーダーや男性の意識改革まで総合的なプログラムを展開している（写真18）。また、性暴力を受けたときに、感染リスクを下げるためのＨＩＶ曝露後予防のサービスも拡大している。

写真 17　ケニアの支援事業。町から町を回り、VMMC の重要性とサービスの提供先を説明する「包茎手術モービライザー」（中央）

　アジア、東欧などではＫＰへの対策が鍵となるため、ＫＰの種類に応じて効果的な事業にグローバルファンドの資金が活用されている。

　性産業従事者に対する対策としては、タイで一九九〇年代初頭に実施された「一〇〇％コンドーム・キャンペーン」が有名で、性産業従事者の二人に一人がＨＩＶに感染するような状況を救い、その感染率を激減させた。これは、性産業従事者へのコンドーム無料配

写真18　南アフリカの支援事業。若い女性たちが自ら企画運営する「ライズ・クラブ」。女子教育、ライフスキル習得などの能力開発、雇用機会の創生など総合的な活動を実施している。

布、予防啓発、ＨＩＶと他の性感染症の検査などを徹底し、治療やケアにもつなげるものであるが、保健所職員が客になりすまして売春宿に潜入し、コンドームを使用していなければ指導・勧告をするほどの徹底ぶりであった。

ＫＰへの対策の成功の秘訣は、いかに多くのＫＰに安心感をもってサービスを受け入れてもらうかで、そのためにはピア（仲間）が主体となった活動が効果的である。グローバルファンドは多くの国で、ピアや当事者、市民団体が中心となったアウトリーチ活動を支援している（写真19）。

注射薬物使用者（ＩＤＵ）に対するＨＩＶ対策としては、ハームリダクションというプログラムを支援している。麻薬・覚せい剤などの薬物乱用については、社会に対する啓発・教育（一次予防）、薬物乱用者の早期発見・早期介入（二次予防）、薬物依存症者の再発予防やリハビリテーションの促進（三次予防）が必要だが、現実には薬物乱用をなくすことは非常に困難で、世界約一八〇カ国に一五〇〇万人以上の注射薬物使用者がいる。そのうちＨＩＶに一八％、Ｃ型肝炎に五二％が感染しており、感染流行を抑えるには取り締まり強化や上記の予防だけでは不十分で、ハームリダクションと呼ばれる危険軽減策が必要といわれている。

これは、注射薬物使用を直ちに止められない人に対し、それにともなう害や危険を最小限に抑えるため、注射針交換プログラム、薬物使用救命キットの配布、薬物使用室の設置、ヘロインに類似の薬物で禁断症状を抑えるオピオイド置換療法などを行うものである。

写真19　カンボジアの支援事業。性産業ともつながり、HIV感染率の高いカラオケボックスで働く女性たちに、ピア（仲間）がHIV予防啓発、コンドーム配布などを行っている。

これについては、薬物使用の行為を認めて、乱用を助長するとの意見があり、ハームリダクションを認めない国もある。しかし、実際にはこれらを導入した国々ではHIV感染率が減り、薬物使用者の犯罪率が減少したなどのエビデンスが集まり、現在では世界八〇カ国以上にハームリダクションが導入されている。

MSMやトランスジェンダーなどに対するHIV対策としては、予防啓発や検査・治療サービス拡大はもちろん、コンドームと潤滑剤使用の促進、曝露前予防投薬（PrEP）と呼ばれる治療的予防の拡大などを支援している。

このようなKPは偏見・差別を避け、人目を避けて生活する人も多く、病院や診療所などでサービスを拡大してもそれを届けることが難しい。そのためグローバルファンドが積極的に支援しているのが「ドロップイン・センター」である。

最近、日本でも地域における子育て支援の施設を「ドロップイン・センター」と呼んでいるようだが、もともとdrop inとは「ちょっと立ち寄る」という意味で、問題を抱えた人が気軽に安心して集まれるような場所という意味で名づけられた。

グローバルファンドが支援している「ドロップイン・センター」は、主にNGOや市民社会が運営するが、MSM、性産業従事者、注射薬物使用者などの仲間が集まり、彼ら自身がピアサポーターとなって、情報交換や助け合いを促進し、ライフスキルを学び、HIVの予防啓発、検査・治療につなげている（写真20）。

写真20　ミャンマーの事業。注射薬物使用者に感染症の予防啓発、ハームリダクションを促進するボランティア。かつて世界最大の麻薬生産地で、薬物使用者の7割がHIVに感染していたこともあるが、最近では3分の1以下に減少。

こちらから積極的に手を差し伸べるアウトリーチが必要な人々もいる。例えば、東欧には貧困、社会不安、移民などの社会背景から、路上やマンホールなどで生活するストリートチルドレンが一〇〇万人もいるといわれ、麻薬、性的搾取などによりＨＩＶが流行している。このような問題と向き合うには、彼らが生活また活動する場所に出向いていって、積極的にサービスを提供する必要があり、グローバルファンドでは多くの支援事業を展開している（写真21）。

　このようなＫＰに対する偏見・差別の軽減、人権の擁護のため、ＵＮＡＩＤＳは以下の七つのサービス推進を提唱し、グローバルファンドも多くの国で支援している。

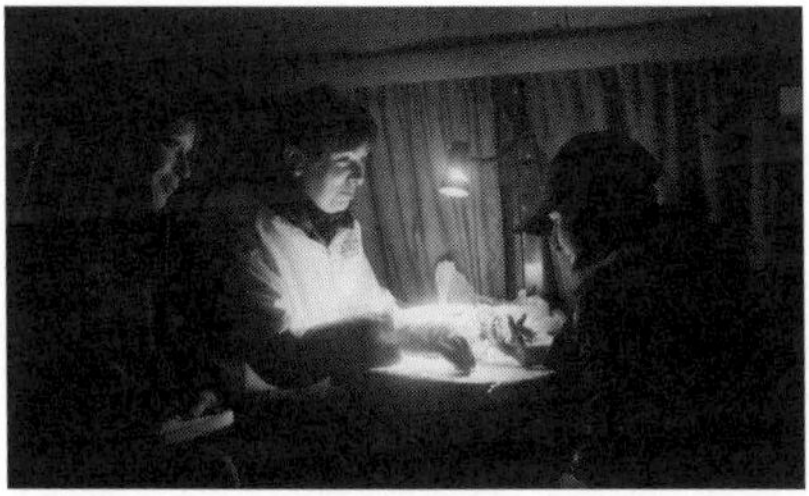
写真21　ウクライナの支援事業。ワゴン車内の移動診療所で夜、ストリートチルドレンにHIV検査をする看護師。

・偏見・差別を軽減するプログラム
・保健医療従事者に対する人権や倫理に関する研修
・立法や法執行に関わる人々への啓発
・ＨＩＶに関する女性への差別の軽減
・人権やその保護に関する知識の向上
・ＨＩＶに関する法的サービスの向上
・ＨＩＶに関する法律・制度・政策の監視と改善

　特に、グローバルファンドでは、偏見・差別、人権侵害がＨＩＶ流行に大きく影響していると考えられる二〇カ国を選び、政府、国際機関、市民団体などと協力してその国の問題分析を行い、人権問題の解消に向けた戦略・計画作り・実施を支援している。

†結核対策

二〇一七年時点で、結核菌が体内に侵入していながら発病はしていない「潜在性結核」が世界には一七億人いると推測されているが、結核で発病した患者は推計一〇〇〇万人、死亡は一六〇万人（うち三〇万人がＨＩＶとの重感染）である。インド、インドネシア、中国、フィリピン、パキスタンのアジア五カ国で、世界の新規罹患者数（推定）の五六％を占め、これらを含む三〇カ国が結核高蔓延国と呼ばれ、世界の結核患者の八七％を占めている。

現在、結核対策が抱える課題は三つある。発病者の発見、薬剤耐性、ハイリスク集団の予防である。世界の推定一〇〇〇万人の結核発病者のうち、実際に患者として報告され、治療を受けたのは六四〇万人で、三六〇万人は検査・治療を受けていないか、報告されていない。これら見過ごされている患者が感染源になり、感染を拡大している可能性が高いため、グローバルファンドではこれら発病者の早期発見と治療に全力を注いでいる。

また、結核に有効性の高いリファンピシンという薬剤への耐性が推計で年間五六万人（うち八二％は他の薬剤にも効かない多剤耐性）発生しているが、うち一四万人（二五％）にしか診断・治療が届いていない。これらの多くはインド、中国、ロシアに集中している。薬剤耐性が中所得国に多いのは、低所得国のように医療体制が整っていないわけではなく、不適切な治療、治療の中断、偽薬の使用など、医療の質に問題がある場合が多い。

途上国では、通常の六〜九ヵ月の結核治療は薬代だけなら日本円で一万円以内、治療費全体でも五万円以内で提供でき、その治癒成功率はほぼ八〇％を超えるが、薬剤耐性結核では治療全体で五〇万円以上、中には二〇〇万円を超える国もあり、治癒成功率は五〇％程度と低い。

そのためグローバルファンドでは、多剤耐性結核の診断に有用な検査機器や治療に効果のある新薬の導入、医療の質を向上させるための技術協力、人材育成などを支援している。

さらに、ＨＩＶ・結核の高蔓延国におけるＨＩＶ感染者の結核感染予防と、新たに結核が発病した世帯に住む五歳未満児などの結核感染予防のため、イソニアジド（ＩＮＨ）という抗結核薬の予防内服を支援している。これについては、未だ低中所得国でサービスが広がっておらず、カバー率が一％程度という国もある。

ホームレス、貧困地区生活者、移民、受刑者などは結核有病率が高く、他の人口集団の結核感染源となることも多いため、このような人々への検査・治療サービスへの支援も多くの国で行っている（写真22）。

閉鎖空間で長時間労働する鉱山労働者、栄養状態や住環境の悪い難民や避難民などは結核に

写真22　ニカラグアの支援事業。換気が悪く、狭い空間に密集して生活するため、結核が受刑者間で、また看守にも感染し、地域に拡大することもある。検査・治療を促進している。

感染・発病しやすく、国境を越えて感染を拡大する可能性が高いため、後述するような多国間や地域でのアプローチを行っている。

このようなグローバルファンドの結核対策に対する投資は国際援助資金全体の七割を占める。

†マラリア対策

世界では二〇一七年の一年間で推計二億一九〇〇万件のマラリア患者が発生し、その八割はアフリカを中心とする一五カ国で、ナイジェリア（マラリア患者総数の二五％）、コンゴ民主共和国（一一％）、モザンビーク（五％）、インド（四％）、ウガンダ（四％）などである。マラリアによる死亡は四三万人で、うちアフリカが九割で、五歳未満児が六割を占める。

マラリアにはベクターコントロールと呼ばれる有効な予防方法がある。ベクターとは病原菌などを運ぶ媒介者の意味で、マラリアの場合は蚊である。長期残効殺虫剤処理蚊帳（LLIN）は、殺虫剤が蚊帳に浸み込んでいるため効果が数年間持続し、この中で寝ることで蚊を引き寄せ、蚊帳にとまった蚊が死ぬため、蚊の数が減る。また、蚊に刺されることを防ぐので、マラリアによる感染と死亡を減少させる。グローバルファンドは二〇一七年に五五カ国で約二億張のLLINの調達・配布を行った（写真23）。

写真23　チャドの支援事業。年間数百万人がマラリアに感染し、多くの母子の命を奪うこの国で、これまで730万張のLLINを配布し、検査・治療を拡大している。

さらに、屋内残効殺虫剤散布（IRS）と呼ばれる対策も支援している。屋内の壁にマラリアを媒介する蚊が休息するため、そこに薬剤を噴霧して、留まった蚊が死ぬのである（写真24）。

マラリアには有用な迅速診断キットと治療薬もあるため、感染しても、迅速に診断と治療をすればほとんどの死亡を避けられる。グローバルファンドは二〇一七年に五五カ国で二億人分以上の診断と一億人分以上の治療を提供した。

流行地には妊婦に対する間欠的予防的治療（IPTp）、季節性の高い流行地では周期的マラリア化学的予防（SMC）という予防法がある。前者はマラリアで死亡しやすい妊婦に予防的な投薬をするものでアフリカ三三カ国、後者はマラリアが流行する季節に合わせて予防的に投薬するもので、アフリカ一二カ国で実施されている。

子どもの死亡率が高い地域では、その死亡原因となる肺炎、下痢症、栄養失調などへの管理とマラリア診断・治療をパッケージにして地域保健員などが実施する「包括的地域症例管理（iCCM）」という介入方法がある。グローバルファンドではユニセフなどと協力してアフリカ二〇カ国以上で支援している。

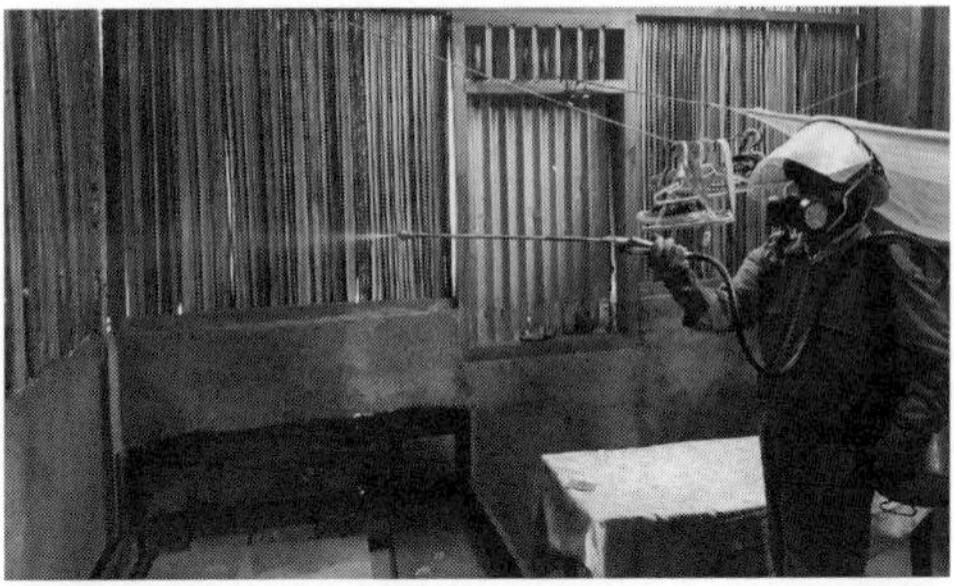
写真24　東チモールの支援事業。殺虫剤を屋内の壁に散布する様子。2006年には年間20万人以上のマラリア患者がいたが、対策強化により、2017年には40人未満となった。（筆者撮影）

二〇一七年時点で年間マラリア患者数が一〇〇例未満となった国が二六カ国となり、グローバルファンドとしてはこれらの国でマラリア排除に向けた支援を行っている。マラリア対策で難しいのが、患者数が少なくなったところで気を抜くとすぐに再流行することである。ラストスパートに力を入れ、ゴールに着いてもしばらくは気を緩めないことがマラリア対策ではとても重要である。マラリアが地域的に流行している場合は、一カ国で排除しても隣国から容易に入り込み再流行する可能性が高い。したがって、マラリア排除には、各国の努力だけでなく、地域的な取り組みも必要である。グローバルファンドでは、ラテンアメリカ一〇カ国、南部アフリカ八カ国、東南アジア（メコン流域）五カ国で、米州開発銀行などの開発銀行、WHOなどの国際機関、ASEANなどの地域の政治・経済連携、大学・研究機関、民間セクターなどを巻き込んだ地域プログラムを推進している。

特に、メコン流域五カ国（カンボジア、ラオス、ベトナム、タイ、ミャンマー）における「地域アルテミシニン耐性イニシアティブ（RAI）」には、薬剤耐性をこの地域に封じ込め、世界に拡大しないようにするため、二〇一四〜二〇年で総額三億七〇〇〇万ドルを各国のグラントとは別に投じている（写真25）。

研究開発には莫大な予算がかかるため、グローバルファンドとしては直接資金を投じることはないが、研究開発の最終段階で、世界的なニーズが高く、市場への迅速な導入が大きく期待されるものについては、触媒資金などを活用する場合がある（後述）。

†保健システムの強化

グローバルファンドは各国の保健システムの支援・強化に年間一〇億ドル以上を投資しており、これは国際機関の中で最大の投資額である。一方、低中所得国において保健システムに関

写真25　カンボジアの支援事業。地域保健ワーカーによる村でのマラリア対策活動。予防啓発に加えて、迅速検査と治療も行う。

わるニーズは甚大であり、WHOの推計では最も貧しい三二カ国だけでも毎年五四〇億ドルが追加的に必要といわれており、それを満たすには不十分である。

国際的によく湧き上がる議論が、疾病対策などの垂直型アプローチと、プライマリー・ヘルスケアや保健システムのような横断的アプローチのどちらが大切かという二項対立である。「垂直型はよくない、横断的に実践せよ」「いや横断的では焦点が定まらず成果が見えない、垂直型で結果を出そう」などと議論される。

私は現実主義者なので、戦略としてその両方を入れ込み、実践において限られた資源を活用する際に「縦の糸」と「横の糸」をどのように紡ぐか、いい方法があればそれを使い、なければ実践の中で考えればよいと思っている。実践ではどちらかだけのアプローチでうまくいくことはない。縦の糸だけで織物が作れないのと同じである。

グローバルファンドでも様々な議論をしたが、浅く保健システムを支援・強化するのではなく、各国の状況に応じて、（一）三大感染症対策の成果に直結する保健システム支援、（二）母子保健や他の疾患対策にも多大な貢献をする横断的な保健システム強化、の片方または双方を限られた資金の範囲内で優先順位を見ながら推進している。

六カ年戦略にあるように、保健システム強化に関わる戦略目標2には七つの小目標があり、国によってその優先順位は異なるが、多くの国で重要視されているのが「保健医療情報」「保健医療人材」「サプライチェーン管理」の三つであり、保健システム全体予算のそれぞれ四〇%、一八%、一七%を占めている。

保健医療情報にグローバルファンドは莫大な投資をしている。各感染症によって、実際にどれだけの人が発病し亡くなっているのか、正確に把握できていない国も多く、どのサービスにどれだけの人がアクセスできているのか、どのような人々がいかなる感染リスクをもっているのかなど、事業の計画段階で必要な情報も多い。さらに、事業実施中また実施後に、事業の進捗やその効果を測るモニタリング・評価も重要である。

感染症対策のみならず、保健医療全体への支援として、グローバルファンドでは国家保健情報管理システムの強化を支援している。また、データの質を向上させる取り組みや、データ分析やその活用について人材育成も実施している（写真26）。

保健医療人材は、保健省の職員から病院の医療従事者、地域保健員まで様々であるが、グロ

写真26　エチオピアの支援事業。研修を受ける地域保健ワーカー。各家庭を訪問し、保健・栄養・衛生問題への予防啓発に加え、検査・治療も行い、重篤な場合は医療施設に搬送する。彼らの貢献により、母子の死亡が劇的に減少した。

ーバルファンドとしては、地域レベルで実際のサービスを提供・拡大する人材の育成や能力強化、第一線の診療所で患者を診断・治療する保健医療人材の能力強化、地方行政で保健計画や実施を行う人材の能力強化などに特に力を注いでいる。

　サプライチェーン管理（SCM）には「調達」「在庫」「出荷」「配送」という四つのフェーズがあり、グローバルファンドは各国のニーズに合わせて、調達の効率化、在庫管理の改善、倉庫の建設・改修、出荷・配送の効率化・迅速化など様々な支援を行っている。途上国で問題になるのは、様々な援助機関がそれぞれのサプライチェーンを作るので、国によっては五〇〇以上のサプライチェーンが並列して存在している。グローバルファンドとしてはこのような国全体の問題を検討する現状分析や、それを基にした他の援助機関との協調、国家戦略・計画作りにも協力している。

　この三つの優先項目以外にも多くの投資がなされている。

コミュニティの対応とシステム強化については、様々な国で地域保健サービスの強化を支援しているが、同時に、地域住民や市民社会が医療機関や地域保健活動のパフォーマンスをモニタリング評価する地域モニタリングという新たな方法も模索している。財務管理についても、その能力が不足する多くの国で問題分析・能力開発などを支援しているが、同時に他の援助機関の財務管理との連携・協調も促進している。

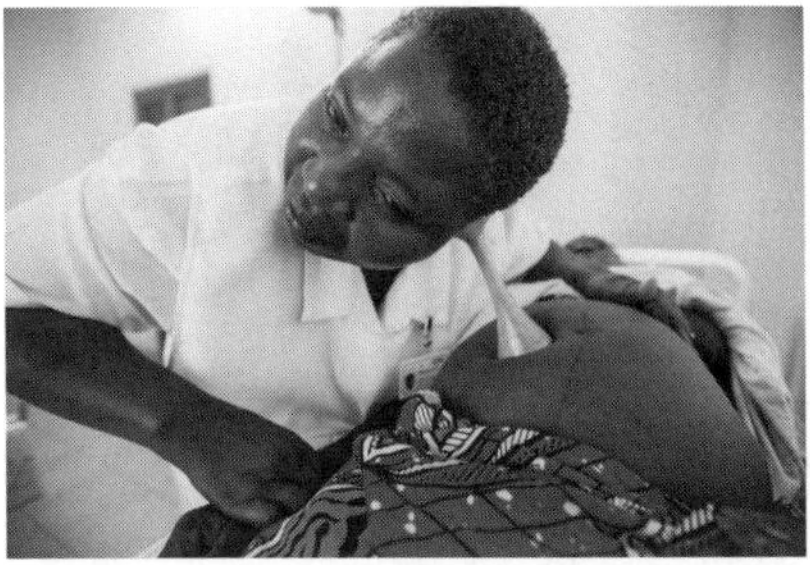

写真27　ザンビアでの支援事業。助産師による妊婦健診。妊娠・出産を通じて母子には多くのリスクがある。HIV検査、母子感染予防、エイズ遺児の支援など、母子に対する包括的な支援を行っている。

サービス提供の効率・効果を上げるために、例えば、産前・産後の健診や他の母子保健サービスなどとの連携・統合や、地域の包括保健サービスとして感染症対策と他のサービスのパッケージ化なども推進している（写真27）。

ユニバーサル・ヘルス・カバレッジ（UHC）の実現には、上記のような保健システム強化に加えて、国の保健財政計画作りやその管理に対する支援も重要であり、グローバルファンドでは、多くの国で保健システムの問題分析、保健医療支出推計の導入、国民医療保険の拡大などを、世界銀行やWHOなどとともに支援している。

5　触媒的投資

†触媒的投資とは何か

グローバルファンドの資金だけで直接できることには限りがあり、また国別の努力では解決し得ないこと、重要でありながら国が積極的に行わないことがある。そのためグローバルファンドで導入したのが「触媒的投資」で、二〇一七年から三年間で八億ドル（全体予算の約七％）を確保している。

「触媒」とは、それ自身は変化せず、他の物質の反応速度に影響する働きをするものだが、グローバルファンドではこの資金を呼び水として、必要な分野に国が投資するよう助長する、他の国々との地域連携を促進する、パートナーとの連携で課題解決を加速化する、そのような支援を「触媒的投資」と呼んでいる。

そのメカニズムとして、「マッチングファンド」「多国間アプローチ」「戦略的イニシアティブ」の三つがあり、二〇一九年一月現在で、それぞれに対して三億四六〇〇万ドル、二億七二〇〇万ドル、一億七二〇〇万ドルの拠出が承認されている。

†マッチングファンド

「マッチングファンド」という用語は、日本でも産学官民連携などで、市民・企業・行政などが資源を持ち合い、より規模の大きい活動を実現させるための手段として注目されている。例えば、ある研究開発を行う際に、中小企業者が出す支出額に対して、科学技術振興機構（JST）が二倍までの額を支出する、といった仕組みである。

グローバルファンドでは、国が積極的に取り組みを行っていない、または進捗が遅れている重要課題に対して、グローバルファンドから優先課題と追加的資金を提示して、相手国に同額の投資を求める。

具体的には、支援対象として、HIVについては「KP」「人権」「思春期の女子および若い女性」、結核については「見落とされた結核発症者の発掘」、保健システムについては「保健人材問題への取り組みとサービス供給の統合」「データシステム構築」などの三分野、六課題の七七の事業を明示し、総額約三億ドルを確保した。資金を獲得するためには、対象となる課題について国が自らターゲットを設定し、国家予算またはグローバルファンドが配分した資金からマッチングファンドと同額以上の資金を拠出しなければならない。

例えば、南アフリカ共和国では女性の四人に一人がレイプ被害を受けるほど、性暴力や性的搾取が頻発しており、思春期の女子や若い女性のＨＩＶ感染率は極めて高い。しかし、対策は後手に回り、国に配分したグラントにはそれに対する対策が十分に反映されていない。

そのため、マッチングファンドとしてＨＩＶ感染流行を左右する「思春期女子と若い女性」および「人権」の問題解決に向けた事業に、それぞれ五〇〇〇万ドルを投資し、国が同額を投じることで、それぞれの課題に計一〇〇〇〇万ドルが投資されるよう促している。

さらにこれらの事業には、他のパートナーの資金や技術協力も呼び込み、事業の計画や実施にも参加してもらう。国の主体性を尊重しながらも、国にその課題の重要性を再認識してもらい、事業への投資の量と質を倍増させる触媒作用をねらったものである。

†多国間アプローチと地域プログラム

感染症は国境を無視する。マラリアの蚊は国境を越えて移動し、ＨＩＶや結核も季節労働者、移民や難民とともに国境を越えて広がるため、国別アプローチには限界があり、多国間また地域全体で連携・協力を促進する必要がある。

グローバルファンドでは、マラリア対策（一億四五〇〇万ドル）、結核対策（六五〇〇万ドル）、ＨＩＶ対策（五〇〇〇万ドル）、保健システム強化（一二〇〇万ドル）の四つの対象枠に二億ドル以上を配分し、一四の多国間アプローチを実施している。これらのうち、三大感染症対策の内訳は以下の通り。

・マラリア対策：メコン流域、ラテンアメリカ、南部アフリカにおけるマラリア排除
・結核対策：南部アフリカの鉱山労働者、東アフリカの難民、アジアの移民、東部・南部アフリカにおける検査体制強化、西部・中部アフリカにおける検査体制強化、東欧における多剤耐性結核、ラテンアメリカにおける援助からの自立に向けた結核対策
・HIV対策：東南アジア、ラテンアメリカ、東欧、中東・北アフリカのKPへの持続的なサービス

これらの支援は、各国に配分されたグラントだけでは十分に推進できない国境地帯での連携・協力、移動する人々の治療継続を含む、国家間での情報交換、連携・協力、好事例や教訓の学び合いを促進している。

†戦略的イニシアティブ

これは、国や地域・多国間の努力だけでは十分に解決できない分野・課題について、中央で資金をプールし、パートナーを動員して技術支援を強化する、南南協力を促進するなどして、

目標達成を加速化・促進するイニシアティブである。以下のような項目に、二〇一七〜二三年に約二億ドルの資金を投資している。

・持続可能性・移行・効率の促進（一五〇〇万ドル）：ニーズの高い国に対して、援助からの自立に向けた問題分析を行い、移行に向けた準備移行計画を作り、その実施に向けた支援を行う。また、持続性を高めるための保健医療財政計画の立案、費用対効果の分析、国家戦略・計画の見直しを世界銀行やWHOなどと連携して支援する。

・保健システム強化（一四〇〇万ドル）：保健システムが脆弱な国に対して、コミュニティでのサービス統合や人材育成、思春期女子や若い女性の健康問題に対する包括的なケアなどに焦点を当てた技術支援、成功例をもつ途上国が他の国を支援する南南協力を支援する。

・情報システム（二〇〇〇万ドル）：各国のグラントで医療情報システム強化を支援しているが、より効果的・効率的に進めるために、WHOや大学・研究機関などと連携・協力して、国家保健医療情報システムの電子化・可視化、様々なアウトブレイクに備えたサーベイランスの強化、データの質の向上、データ分析と活用に関する人材育成などを支援している。

・調達・サプライチェーンマネジメント強化（二〇〇〇万ドル）：ナイジェリア、コンゴ民主共和国、リベリア、スーダン、ハイチ、インドなど疾病負担が高く、課題の大きい二〇カ国を対象に、治療薬や迅速診断などの調達・物流を妨げる問題点を診断し、改善のための具体的な計画と実施に対する技術支援を行っている。

・イノベーション・チャレンジ・ファンド（一〇〇〇万ドル）：在庫管理やロジスティクスなどサプライチェーンに関わるデータ・ソリューション、効果的・効率的なロジスティクスの方法、特にドローンなどを用いた、辺鄙な場所に必要な医薬品などを送り届けるための方法など、革新的な方法やツールを提案・実施する。

・マラリア排除（七〇〇万ドル）：二〇三〇年までに三五カ国のマラリア排除を国際的目標に掲げているが、グローバルファンドとしては二〇二二年までに二一カ国の排除に向けて、WHOと連携しながら、各国への排除に向けたロードマップ作りやサーベイランスなどを支援する。

・マラリアワクチン（一五〇〇万ドル）：WHO、Gavi、UNITAIDなどと協力し、迅速な市場参入をめざして、マラリアワクチン候補（RTS, S）のアフリカでのオペレーションズリサーチを支援する。

・新たなLLINの市場参入の促進（三三〇〇万ドル）：UNITAID、IVCC、ゲイツ財団と協力し、迅速な市場参入をめざして、次世代の薬剤を使用したLLINのアフリカでのオペレーションズリサーチを支援する。

・結核の新規発症者発見（一〇〇〇万ドル）：見過ごされている結核の新規発症者を、結核が蔓延する一三カ国を対象に二〇一七～一九年の三年間で追加的に一五〇万人発見することを目標にしている。ストップ結核パートナーシップやWHOと連携して、国ごとの現状分析、新規発症者発見を加速化するためのガイドラインやツールなどの見直し、実施、人材育成などを支援している。
・コミュニティ・人権・ジェンダーの強化・促進（一五〇〇万ドル）：三大感染症に関わるKP、差別・偏見を含む人権侵害、ジェンダーなどの問題解決のため、市民社会や当事者組織などへの技術協力の提供、能力構築やネットワーク構築の促進、連携プラットフォーム強化などを支援している。
・緊急援助基金（二〇〇〇万ドル）：自然災害や紛争などの緊急人道災害において、三大感染症対策における必須サービスが提供できなくなる、または必須の保健システムが稼働しなくなった場合に、緊急対策として支援する資金である。
・技術評価委員会（TERG）による包括的国別評価（二二〇〇万ドル）：グローバルファンドの事業のインパクトやビジネスモデルの有効性などをスーダン、モザンビークなど八カ国で三年間前向きに包括的に評価する。

6　リスクを管理する

†負えるリスク、負えないリスク

「リスクには基本的に、四つの種類がある。第一に負うべきリスク、第二に負えるリスク、第三に負えないリスク、第四に負わないことによるリスクである」（ピーター・F・ドラッカー『創造する経営者』上田惇生訳、ダイヤモンド社、二〇〇七）

ドラッカーの言葉である。

大きな目標に向かって進む組織にとっては「リスクを負わないことがリスク」ともいえるが、安全なときにガードを固めて負えるリスクに備え、負えないリスクを回避する努力をしている組織こそ、最強の組織ともいえる。

私はこれまでアフガニスタン、イラク、ソマリアなどの紛争地や政治不安を抱える国々で活動した際に、リスク管理と危機管理にはかなりの時間と労力を割いた。そのような現場に行くことはそれ自体無謀でリスクだという人もいるが、人道支援のプロフェッショナルはそれを「負うべきリスク」そして「負えるリスク」と考えている場合が多い。そのリスクを負うことで救える多くの命があること、そのリスクを負わないことで多くの命を見殺しにすることを知っているからである。

もちろん、現場に行って、負えないリスク、回避すべきリスクを見極め、活動を停止する、変更するなどの判断を下すのも、リスク管理の一つである。

リスク管理に関する本は多く出版され、多くの組織で既に実践されているのでここで詳述する必要はないが、重要なポイントとして次の三つを挙げておきたい。

(一) リスクは変化するので、そのマネジメントも進化しなければならない
(二) リスクはチャンスと表裏一体であり、リスクをチャンスに変える発想が必要である
(三) リスク管理には透明性と説明責任が重要だが、それ自体にも宿るリスクがある。

†グローバル時代のリスクマネジメント

リスクは変化している。

二〇一三年四月にバングラデシュで発生した八階建ての商業ビル「ラナ・プラザ」の崩壊事故は、グローバル時代のリスクマネジメントに大きな警鐘を鳴らした大事件であった。

ご存知かもしれないが、このビルには欧米の大手アパレル企業のブランド製品を作る五つの

縫製工場があり、欧米からの需要に応えるため工場を広げ、コストを下げるために鉄筋も使わず違法な増築を繰り返していた。大勢の従業員をすし詰め状態で働かせ、ビル全体に亀裂が発見されたのにもかかわらず操業を続けた結果、ビルは崩壊。死者一一〇〇人以上、負傷者二五〇〇人以上、行方不明五〇〇人以上の大惨事となった。

この事件を契機に、グローバルに展開する企業の商品の生産過程を含めたサプライチェーン全体で、適切な社会的責任を果たしているのかが問われる時代となった。あらゆる産業でサプライチェーンのどこかに何らかの問題、児童・強制労働、人権侵害、紛争鉱物、環境汚染、森林破壊などが潜んでいないか、あればそれが大きくブランドを毀損し、大きな評判リスクになるとの危機感を与えたのである。

以前であれば、開発途上国の児童労働や強制労働など、うちには関係ないと捉える先進国の企業も少なくなかった。実際、一九九七年にナイキが委託するインドネシアやベトナムの工場で、劣悪な環境での長時間労働、低賃金労働、児童労働、強制労働が発覚した際に、当初、ナイキは「契約工場の問題で自社に責任はない」としていた。これに対しインターネット上で批判が噴出し、多くのNGOが立ち上がり、ナイキの不買運動が始まった。これによってナイキの売上は激減し、創業以来初めて前年比売上がマイナスとなる大打撃を受けた。長年培ったブランドのイメージが短期間で毀損されたのである。

このような経緯から、近年では人権保護は国家だけの義務ではなく、企業にも人権を尊重する義務があるとの考え方が世界的潮流となっている。二〇一一年に国連人権理事会で国際的な枠組「ビジネスと人権に関する指導原則」が承認され、国連はこれに沿った企業行動を確保するため、「ビジネスと人権に関する国別行動計画」を策定することを各国に推奨した。既にアメリカ、イギリス、ドイツなどで作られている。また、日本でも、人権のみならず、環境、情報開示、贈賄、消費者利益などの分野において企業が責任ある行動（RBC）を取るよう政府が推進する動きが高まりつつある。

さらに、近年では「ESG投資」が広がってきた。これは「Environment（環境）」「Social（社会）」「Governance（企業統治）」の三つの英単語の頭文字を組み合わせた造語で、企業に投資する際、利益率やキャッシュフローなどの数値情報だけで判断せず、ESGの三要素に照らして「優れた企業」を選ぶことである。利益などの財務諸表が過去の成績を示すのに対し、ESGに優れた企業は社会の発展に貢献し、将来も持続的に成長するという考えが根底にある。「E」は環境破壊・汚染の回避、事業活動での二酸化炭素削減、環境ビジネスの展開、「S」は人材のダイバーシティ推進、労働環境の改善、社会貢献、「G」は法令の遵守、透明度の高い公正な統治体制、積極的な情報開示などが含まれる。

これは二〇〇六年に国連が「責任投資原則（PRI）」を提唱し、ESGの観点から投資するよう提唱したため、欧米の機関投資家を中心に企業の投資価値を測る新しい評価項目として関心を集めるようになった。現在、世界の二〇〇〇近い機関投資家がＰＲＩに署名し、資産残高は約二五〇〇兆円とされている。日本でも、年金積立金管理運用独立行政法人（ＧＰＩＦ）が、二〇一七年から一・五兆円を振り向けている。

このように、グローバル化が進む中で、日本企業も世界の問題は我々と関係がない、と言っていられない時代になってきた。グローバルな問題、ＳＤＧｓの課題も、日本社会や身近な問題と結びつけ、自らの組織の問題として考えることが、リスクを回避し、かつビジネスチャンスももたらすものと考えるべき時代に来ている。

特に、二〇二〇年は東京オリンピック・パラリンピックを控え、国内外のＮＧＯや市民社会から、また投資家からも注目を集めつつある。「持続可能なサプライチェーン」によりリスクを回避し、ＥＳＧ投資による好機をつかむ、まさにチャンスでもある。

我々にとっても、これまで国際問題にまったく関心がなかった日本の企業・組織と、ＳＤＧｓやＥＳＧの観点からつながることができ、同じ方向を見ながら、日本国内そして世界の問題を議論できるチャンスでもあり、私は個人的にもいい時代が来たと思っている。

†「透明性」と「責任」の追求

ナイキやラナ・プラザの問題は、先進国の企業が、途上国で起こっている問題を自社が「負うべきリスク」とは思っていなかったことが問題だったが、変化の激しい今の時代には、社会の動向を見ながら、組織にとって重要なリスクの同定と登録を定期的に見直し、リスクのモニタリング評価を徹底することが重要だ。時代の変化とともに、負うべきリスク、負えるリスク、負えないリスク、負わないことによるリスクも変化するからである。

リスクマネジメントは、これまでまったく発生していないことを予測して準備することも多く、「面倒」と思ってやらない、または適当にすませる組織もあるだろう。また、予算や人材が限られる中、営業や事業で高い目標が設定されていて、リスクマネジメントに時間・人・予算をかけている暇はないという組織もなくはないようである。

事業とリスク管理を考える場合、そのバランスやトレードオフが重要ともいわれる。組織がもつ限られた資源をどれだけリスク管理に活用できるか、事業の推進とのトレードオフ、また管理するリスク間でのトレードオフである。

また、事業の推進とリスク管理は「アクセル」と「ブレーキ」によく喩えられる。事業や営業活動は成果を重んじるためアクセルの役割をもち、組織を前進させ、時には猛スピードで走らせる。一方、リスク管理はブレーキの役割で、スピードを遵守させ、赤信号で止まらせ、組織に事故が起きないようにコントロールするのである。

このトレードオフ、さらにアクセルとブレーキの踏み分けをうまくするために重要なのが、リスクの「見える化」である。どのようなリスクが、どのような頻度で起こる可能性があり、起こった場合には組織にどのようなインパクトを与えるのかを明確にする。

それと同時に、そのリスク管理が事業や営業にどれほどの影響を与えるのか、その対価はどれだけかも明らかにし、トレードオフのやり方、アクセルとブレーキのバランスを考える必要がある。

この見える化の過程で、リスク管理を行う上で、誰がアクションを起こし、誰が責任をとるのかを明確にすることが重要である。責任の所在が曖昧なこと自体がリスクになることがあるからである。

ここで気を付けるべきこととして、責任には二つ、「説明責任」と「実行責任」があることである。

「説明責任」Accountability は、Accountant を「会計士」というように、もともと経営者が株主や投資家に対して企業の経営状態や財務内容を報告する義務、または企業から他の利害関係者に状況を説明する責任という意味で使われていた。「問責性」「成果責任」とも訳され、成果やその失敗などについて、チームや組織を代表してきちんと説明する責任・義務であり、リーダーに求められる役割である。

一方、Responsibilityは、「実行責任」とも訳され、あることを実行するときの担当者・主体者に与えられた責任・義務である。その計画や指令は上司や上層部からなされ、実行する担当者は成功しても失敗しても、最終的な説明責任は取らされない場合も多い。

リスク管理で「責任」の所在を明らかにするときには、説明責任と実行責任を区別して議論する必要がある。

†グローバルファンドのリスクマネジメント

グローバルファンドでは、年間四〇〇〇億円以上の資金を活用し、一四〇カ国以上の国や地域で、医薬品・医療器材などを調達・配布し、三〇〇〇ほどの組織・団体を通じて、数億人の人々に保健医療サービスを提供している。したがって、リスクは日常的に多くの国に存在し、避けて通ることはできない。

国によっては、汚職・不正が横行、日常化している国もある。銀行も、警察も、政府も信用できないばかりか、それらが存在すらしない、または機能していない国もある。私が以前働いていた軍事政権のミャンマーでは、ドルから現地通貨に両替する際、銀行と闇市場のレートには約二〇〇倍の差があり、民間での両替が闇ではなく表向きに行われていた。

またソマリアでは、警察は機能していないので私的に護衛を雇うか、治安維持のために派遣された軍隊に護衛してもらいながら、現場で活動していた。紛争対立のため無政府状態が長く続き、途中で新政府が樹立したものの、ほとんど機能せず、国は分裂していた。

そのようなリスクの高い国にもグローバルファンドは支援をしている。いや、むしろ、ガバナンスが低く、リスクが高い国にこそ、サービスや援助を必要としている人がたくさんいる。それが、我々がミッションとして「負うべきリスク」であるともいえる。そのため、グローバルファンドでは創設当時からこのような国でのリスク管理にはかなりの時間と労力をかけてきた。

特に、「資金」「物資」「情報」、この三つは成果につながる重要な要素なので、不正はあってはならない、一切妥協しない方針「ゼロ・トレランス」を貫いてきた。

そのリスク管理の方法として、三つの防御線、ディフェンス・ラインを張っている。

第一の防御線は、事務局内の事業管理局の中にある国別チーム。財務管理、物品管理、情報管理の担当者がリスクオーナー（責任者）となり、リスク管理の主導的な役割を果たしている。

各国には、国別調整メカニズム（CCM）、資金受入責任機関（PR）、事業実施機関（SR）があり、これらも第一の防衛線としてリスク管理を担う役割と責任を有している。

またCCMとは別に、独立した現地監査機関（LFA）を設置し、PRの能力評価、PRから提出される定期的な支払要請、事業報告、財務報告などの監査を行っている。LFAの選定は公開入札だが、プライスウォーターハウスクーパース（PwC）、KPMGなどグローバルに専門性と経験をもつ監査専門機関が選ばれることが多い。地方の医薬品倉庫や診療所まで出向き、物品管理、財務管理、患者記録などを抜き打ち調査するなど、不正や不適切な実施・管理がないか、厳しいチェックを日常的に行っている。

次に、第二の防御線は、事務局の財務局、物品調達部、戦略・投資・効果局の専門家チームである。彼らは国別チームからの報告を審査・分析し、それを基に助言・指導を行い、世界銀行やWHO、UNAIDSなどのパートナーと協力して、各国で財務・物品・情報管理システムの能力強化を支援している。

最後に、第三の防御線は、事務局内にあるリスク管理部と、事務局とは独立した総合監察官室（OIG）が担っている。

OIGでは、グローバルファンドが支援する国や活動を選び、毎年徹底した監査を行っているが、それ以外に、グローバルファンドの事業に関して資金流用や物品盗窃など不正の疑いがあれば、三六五日、二四時間、六カ国語サービスによるフリーコール、または電子メールで情報を受け付けている。このサービスをより多くの人に活用してもらえるよう、「私は今、思い切って話します!(I Speak Out Now!)」などのキャンペーンを行い、グローバルファンドの事業に携わる人々が不正や汚職のサインに気づくことができるよう、eラーニングのプラットフォーム(www. ispeakoutnow.org)も提供している。

OIGによる監査・調査は、どこの国で、どの組織によって、どのような不正があったのか、損害額、事業への影響、対応措置も含めて詳細に記述した報告書を理事会に提出し、またウェブサイトで公開している。不正のあった組織からは損害を賠償してもらい、その組織(政府であっても)との事業契約を停止・解約することも多いが、一方で患者への治療やケアなど命に関わる事業が中断しないよう、様々な配慮を行っている。

また、OIGは、財務・物品・情報の不正のみならず、グローバルファンドの戦略・政策が適正に実施されているか、パートナーシップやビジネスモデルの実施プロセスが適切に行われているか、事務局の人事管理や情報管理、そしてリスク管理が適切かつ効果的になされているか、理事会やその委員会を含めたグローバルファンドのガバナンスがうまく機能しているかなども監査し、理事会を通じて助言・勧告を行っている。

ここで示したリスク管理における三つの防御線は協働的連携アプローチであり、第一防御線が現場で戦略と整合したリスク軽減と判断を的確に行い、様々な実行責任を負い、第二防御線が専門的見地や経験から第一防御線への支援や指示、さらにリスク軽減に向けたグローバルな取り組みを行い、第三防御線が組織全体のリスク管理体制を監督・強化し、説明責任を果たすというものである。

†「透明性」と「説明責任」の落とし穴

「透明性」はグローバルファンドを支える原則であり、「説明責任」にもかなりの重点を置いていること、「国際機関評価ネットワーク（MOPAN）」を含む国際的評価で、「財務透明性」や「説明責任」に関して、グローバルファンドに最高レベルの評価が与えられていることは前述した。しかし、ここには時として落とし穴があることも知る必要がある。

一切妥協しない方針は原則として重要なのだが、不正や汚職、横流しなどを完全に防げるか、ゼロにできるかというと現実には不可能に近い。それは工場などにおいて、歩留まりを一〇〇％にする、つまり不良品をゼロにしようと思っても、製造ラインでの人的ミスや機械トラブルなどで完全にそれをゼロにすることができないのと似ている。

これまで私は、途上国の様々な難民キャンプやスラム街を訪れたが、その近くのマーケットに先進国の市民団体から寄付として送られた古着や靴、国際機関が配付した食糧や補助栄養剤などが売られているのを見て、複雑な気持ちになったことが少なくない。

援助団体が現場に適切に援助物資が届くよう、最大限の努力をしても、現場に行き着くまでには多くの業者や人の手が絡んでいる運送・倉庫管理・配付などの長いプロセスのどこかで、窃取・横流しなどが起こってしまうのである。最後までうまくいって難民や裨益《ひえき》者に届いても、彼ら自身がそれをマーケットで売ることすらある。

あらゆるリスク回避・軽減への努力をしても防ぎ得なかった問題について、徹底した調査を行い、高い透明性をもって外部に公表する。さらに、それに対して徹底した事業の見直しや法的措置、損害賠償などもする。最高レベルの透明性と説明責任を期待されたグローバルファンドは、それを追求していった。そんな中で、落とし穴が待っていた。

二〇一〇年一月二四日、ＡＰ通信から「不正がグローバルヘルスファンドに蔓延《はびこ》る」というセンセーショナルな見出しの記事がリリースされた。

「セレブに支援され、国連の管理主義に代わって鳴り物入りで創設された二一七億ドルの開発ファンドで、複数のグラントの三分の二が不正で食い尽くされていることがわかった」で始まり、あたかもグローバルファンドのグラントのすべてが不正や汚職に塗れているような書きぶりだった。

これを読み、懸念を示したいくつかのドナーは数億ドルの資金提供を凍結した。多くの国の事業継続に暗い影を落とした。

グローバルファンドの高い透明性が裏目に出た。二〇一〇年一二月に公表されたＯＩＧのレポートに、この記事に書かれた監査結果が記されていたのである。

ただし、この監査レポートに実は問題があった。「不正」や「腐敗」などの言葉が使われたが、実際には記録が不十分で支出を証明できなかったものも「不正・腐敗」として報告されていた。また不正が見つかったのは事業を実施している一三〇カ国以上もの国のうちわずか四カ国なのにもかかわらず、問題のあった一事業にのみスポットライトを当てて、あたかも多くの国の事業に大きな不正があったかのように報告されていたのである。

もちろん、不正があったのは事実だが、多くの国で監査・調査をしており、適正かつ効果的に実施されている事業がほとんどであったこと、報告された不正は全体予算の〇・三%にも満たない額であった事実は伝えていない。また、これらの国で不正に関わった人々は逮捕され、損害賠償の措置も進んでいた事実も記されていなかった。それに対して、〇・三%の不正だけをみて批判・糾弾し、それによって適正に実施されている九九・七%の事業に影響を与えてよいのか。そのような声も多かった。

この事件は、高い透明性を確保することは重要だが、そこには情報の正確さや高い客観性、そしてリスクコミュニケーションの見地からの吟味も必要であることを教訓として残した。

さらに、不正が起こった背景として、グローバルファンドの行き過ぎたパフォーマンスに基づく資金供与、および予算執行に対するプレッシャーが現地の資金管理および実施機関にはあったことも指摘され、リスクマネジメントのみならず、ビジネスモデルも見直す必要に迫られたのである。

†リスクをチャンスにする

「禍《わざわい》を転じて福と為す」というが、この報道でグローバルファンドの原則である透明性を下げていこうとの力には働かず、むしろ透明性を向上させながらも、実施国における資金管理をさらに徹底し、不正使用や不正行為の発見と予防を強化し、不正が発覚した際の迅速かつ適切な対処を基準・マニュアルを作りながら確立するなど、リスクマネジメントを強化する方向に動いた。さらに、有識者による国際委員会を設置して、グローバルファンドのビジネスモデルを見直し、大掛かりな事務局の組織改革にもつながった。

その結果作られたのが、「新規資金供与モデル」である。組織改革により、事務局の職員総数は増やさないが、各国の事業管理を強化・推進するチームを増やし、事務局をあげて各国の事業計画・実施・評価に対する支援を強化する体制に変わった。さらに国のオーナーシップを尊重しながらも、国レベルでの積極的な対話を重視し、パートナー機関とともに各国の事業支援を強化していったのである。さらに、事務局内のリスク管理部を強化し、リスク管理のプロを世界中から集めることとなった。

†グローバルファンドにとってのリスクとは

グローバルファンドの事業には多くのリスクが伴うが、その発生の可能性と事業の成果や組織へのインパクトを検討して、重要度の高い二二のリスクを以下の通り選んでいる。①から⑪は国レベルの事業の計画・実施・管理に関わるもの、⑫と⑬は外的な要因に関わるもの、⑭から㉒は事務局の運営・管理に関わるものである。

①事業の質、②データの有用性・質・活用、③医薬品・医療機器などの調達、④サプライチェーン、⑤グラントに関する不正や受託者責任、⑥国の会計・財務報告、⑦国の事業管理のガバナンスと資金管理、⑧医薬品・医療機器などの質、⑨人権侵害とジェンダー不平等、⑩援助から自立への移行、⑪薬剤・殺虫剤への耐性、⑫外貨換金レート、⑬資金調達、⑭内部オペレーション、⑮政策・プロセス・システム・データの統合、⑯リスク管理と内部統制、⑰法務事項、⑱ガバナンスと監視、⑲組織文化、⑳国の行動規範と倫理、㉑職員の能力・効率・健康、㉒評判

これらのリスクはそれぞれ、以下のような項目について詳細な分析や検討を行い、その結果

を「リスク登録」して事務局から理事会に報告している。

（一）具体的なリスクの内容、（二）リスクによる影響、（三）根本原因、（四）回避または軽減の方法、（五）リスク回避・軽減のためにできるグローバルファンドの能力、（六）リスク保証の方法、（七）目標とするリスクレベル、（八）ベースラインのリスクレベル、（九）目標達成の期限、（一〇）担当部署、（一一）対象国・優先国、（一二）リスク選好

これらは四半期ごとにモニタリングされ、毎年、以下の項目について理事会に報告している。

（一）リスク保証の進捗状況、（二）現在のリスクレベル（残余リスク）、（三）前四半期からのリスクレベルの推移、（四）必要となる追加的アクション

グローバルファンドが支援する約一三〇カ国を見るとそれぞれのリスクの深刻度が異なるので、国別にリスク登録を行い、定期的にモニタリング・評価を行っている。

リスク管理に留まらず、様々な運営・管理に共通して言えることは、できるだけ情報を明確化・単純化して、「使える情報」「アクションにつながる情報」に変えていくことである。どこ

でも情報が過多になり、どれが重要でそれをどのように使うべきかわからなくなることがある。

事業の推進とリスク管理はアクセルとブレーキの関係といったが、車を運転する際には信号や道路標識のように、どのようなアクションをとればよいか一目で判断できるツールがあると、事業を推進・前進させながら、信号が赤なら止まり、スピード制限があればそれを遵守し、明快な指示に従って、目的地まで安全に運転できる。

グローバルファンドでも、リスクが現在どのような状況にあり、さらにどのような努力をしなければならないのかなどが一目でわかるように、二二のリスクのレベルの変化（ベースラインおよび前四半期からの推移）をベクトルで示し、現時点でのリスクを赤（高い）、黄（中程度）、青（低い）の三段階に色分けしたダッシュボードを作り、単純化・可視化している。

†リスク選好とは

先ほどのリスク登録の中にあった「リスク選好」について説明する。これは英語でRisk appetiteといい、直訳すると「リスクに対する食欲」で、日本工業規格の簡易閲覧によると「組織に追求する又は保有する意思があるリスクの量及び種類」である。

ビジネスの世界では、「ハイリスク・ハイリターン」で臨むのか、「ローリスク・ローリターン」を好むのか、組織としての姿勢を明確にする指標としても使われる。グローバルファンドでは事業を推進するにあたって、ドナーを含む理事会、事務局、パートナーがどこまでリスクを容認できるかについて共通理解をもち、将来に向かって一緒に努力するツールでもある。

二〇〇頁に示した二二のリスクの中には、リスク選好を設定できるものとそうでないものがあり、リスク選好を設定できたものは、以下の九つである。

①事業の質、②データの有用性・質・活用、③医薬品・医療機器などの調達、④サプライチェーン、⑤グラントに関する不正や受託者責任、⑥国の会計・財務報告、⑦国の事業管理のガバナンスと資金管理、⑧医薬品・医療機器などの質、⑫外貨換金レート

リスク選好に指定したリスクはそれぞれ、現在はどの程度のリスク量を容認するが、いつになったらどの程度のリスク量しか容認しないなど、リスク管理の指標として、目標と期限を明示し、それに向けたリスク回避・軽減の対策を考えるのである。

例えば、サプライチェーンについては、リスク選好として、現在は高いレベルのリスクを容認するが、四〜五年後には中くらいのレベルしか容認できないと設定している。そのために、実施国政府、先進国の援助機関、ゲイツ財団、Ｇａｖｉ、世界銀行、ＷＨＯなどとともに優先国のサプライチェーンに関する問題分析を行い、それを基に改善計画を立て、インフラ整備、

人材育成、ロジスティック管理システムの導入など、各国のニーズに応じたリスク緩和の取り組みを行っている。

7　モニタリング・評価

†データ・情報を活用する

「名君賢将の動きて人に勝ち、成功、衆に出《い》づる所以《ゆえん》のものは、先知なり」と孫子が言うように、情報を制する者は世界を制する。

世界を席巻した感染症との闘いを制するには、敵を知るため各国で詳細なデータや情報が必要だが、このデータ・情報をいかに入手し活用するかが、最終的な成果・インパクトに大きく影響してくる。

情報・データを活用する際に、覚えておきたいフレームワークが次のものである。

・データ（Data）：生データ、ローデータといわれるもの、また体系化されていない情報
・情報（Information）：データを分析・分類・統合して整理したもの

・知識（Knowledge）：情報から導き出される規則性や傾向などを活用した知見
・知恵（Wisdom）：知識を活用して意思決定や判断をする力として使えるもの

この四つの頭文字をとったDIKWモデルと呼ばれるものだ。組織にとって本来必要なのは「知恵」だが、せっかく「知識」がありながら「知恵」として使っていないことも多く、「データ」や「情報」を持ちながら、それを上のレベルに変えて活用できていないこともある。

もう一つ、データ・情報について考える際に知っておきたいことがある。

人が日常的に扱う知識には、データや一般的な情報などの形で表現しやすい「形式知」と、体験や事例、工夫、コツ、ノウハウのように個人の記憶などの形で埋もれやすい「暗黙知」があるといわれる。組織が主に活用するものは前者だが、後者をいかに形式化して活用するかが近年注目されている。

このような知識を形式化また可視化して、組織内で知識を共有して業務に活用する取り組みや仕組みを「ナレッジマネジメント」と呼んでいる。これには、分析・戦略型、業務改善型、社員教育型、ヘルプデスク型などの様々な形態・方法がある。

これらのいずれを使うにせよ、重要なのは「何のためにどのようなDIKWが必要なのか」を明らかにすることで、そのインプットよりも、どのように使うかというアウトプットを重視することである。最終的に成果やインパクトを最大化するため、形式知であろうが暗黙知であろうが、使えるものは知識や知恵のレベルに高めて活用することである。

業務を改善し、成果を上げるために、日本ではよくPDCAサイクルが使われるが、この様々な段階で先ほどのDIKWが求められる。PDCAサイクルとは、計画（Plan）・実行（Do）・評価（Check）・改善（Action）の略で、この四つを繰り返すことによって、生産管理や品質管理などの管理業務を継続的に改善していく手法のことである。

計画段階で必要とするすべての知識や知恵がそろっていればよいが、データもないような状況では暗黙知を使って計画をすべき時もある。コリン・パウエルの四〇・七〇ルールのように、ある程度のデータや情報があれば、これまでの知識や知恵でカバーしながら、または他の暗黙知も形式化して活用しながら計画を作ることもできる。

実行段階ではDIKWを使ったモニタリングが重要である。モニタリングとは、「モニターや画面に映す」のような意味で、事業やサービスの進捗を見るものである。そのための適切な指標設定と、信頼できるデータや情報の収集が必要となる。

PDCAサイクルの評価とは、モニタリングによる軽いチェックもあれば、事業後にしっかり時間をかけて行う評価もある。インパクト、成果、効率、プロセスなど、評価の目的によって、その方法、規模、要する時間は異なる。例えば、グローバルファンドにおいては、各国から自動的に報告されるモニタリングのデータもあれば、半年以上かけて日本円にして数千万円もかかる事業評価もある。

一方、最近、世界的に注目を浴び、多くの企業で取り入れられているのが、PCDAではなくOODA（ウーダ）ループ。「観る・診る（observe）」「解る・判る（orient）」「決める・極める（decide）」「動く（act）」「見直す・見越す（Feedback loop）」の五つのプロセスのうち四つの頭文字と一語を取ったものである。

計画を立て、上司や関係部門と調整し、意識合わせをしてから行動しなければならないPDCAに比べて、OODAループは夢やビジョン、戦略などを共有した後は、現場をよく見て、その場で考えて行動するため、俊敏に判断し行動ができる。PDCAは安定した時代には適しているが、VUCA（不安定・不確定・複雑・曖昧）な時代といわれる現在は、OODAループが適しており、新たな時代の組織形態であるネットワーク組織、ティール組織、自律分散組織などにはOODAループは有効なマネジメントともいわれている。

グローバルファンドには、国際レベルから国レベルまで、様々なイニシアティブ、プロジェクト、事業が動いているため、PDCA、OODAループに限らず、それぞれに適した管理・モニタリング・評価方法が使われ、改良され、また新たな方法が使われている。

いずれにおいても重要なのは、必要なDIKWをいかに創出して活用するかであり、それは資源の有効活用と成果の最大化に大きな影響を与える。

†グローバルファンドが支援する国レベルの保健医療情報

国レベルでは、必要なＤＩＫＷをなかなか創出、そして活用できない国もある。根本的また基礎的なデータ、例えば、子どもが何人産まれ、何人死んだのかも正確にわからない国さえあるのが現実である。

日本では、出生届や死亡届があり、その証明もできるが、途上国には生まれても何の証《あかし》もなく、死んでもその証明がない人々が何億人といる。それを「目に見えないスキャンダル」と呼ぶ人もいる。本来ならば、出生証明により、その国の国民として登録され、教育や保健医療などの基本的人権が守られるべきものであるからである。

登録も統計もない場合、五歳未満児、妊産婦に必要なサービスを与えるのに、どれだけの物資を調達すればよいのか、どこにどれだけ配布すればいいのか、正確に計画することができない。そのような場合は推計値を使うのだが、国によって推計値が三つもあることもある。

また、感染症による患者数や死亡数を正確に把握できない国も多く、ＷＨＯによる推計値を使うことが多いのだが、時にこれが実数と数倍異なることがある。

したがって、グローバルファンドでは様々な保健医療分野のデータや情報の収集・分析、その活用を支援しており、その投資額は年間二億ドル以上にのぼる。

特に、オスロ大学との協力で支援してきた「地域保健情報ソフトウェア2（DHIS2）」を用いた情報システムはアフリカを中心に既に六〇カ国以上に広がっている。

実は、これまで保健医療情報システムには、様々な援助団体が多くの資金と人材を投入してきたが、パイロットレベルで終わるものが少なくなかった。その理由は、先進国の専門家が技術を駆使して作った洗練されたシステムなので、途上国では使いきれなかった、システムが複雑すぎてメンテナンスができなかった、全国展開するのに費用がかかり、予算が切れたら拡大できなくなったなどであった。

それに比べて、このDHIS2はオープンソースを用いた無料のオンラインベース・システムで、オフラインでも操作でき、辺地の診療所でも使えるように工夫がなされている。使い勝手がよく、短い訓練で操作できる。

これまでの保健医療情報システムは末端の施設から情報を吸い上げ、保健省などで分析・活用するが現場へのフィードバックがほとんどなかったが、このシステムは末端の診療所でも、入力したデータがすぐに図表や地図上で示され、他の施設や地域との比較も容易にでき、データを日常業務の改善のためにも活用できる。

また、オープンソースなので、国によってカスタマイズが可能で、検査室のデータ、医薬品の在庫、地域や世帯レベルの患者情報、また感染症アウトブレイクのデータなど、様々なデータ・情報との連携が可能である。

これまでeHealth、mHealthなどと呼ばれてきた情報通信技術（ICT）の保健医療への応用は、現在、「デジタルヘルス」とよばれ、途上国でも顕著に進んでいる。固定電話が広がっていなかったアフリカでは、むしろ携帯電話のネットワークを広げるほうが簡単で、その保有率は急速に伸びている。

二〇一七年の統計によれば、南アフリカではベーシックな携帯電話やスマートフォンの保有率は九〇％を超え、ケニアでも八〇％に達している。私は二〇一〇〜一三年までケニアに住んでいたが、野生動物を見るためにサファリに行ったときに、その途中でマサイ族の人々が携帯電話で話をしているのを見てはじめは驚いたが、次第にそれが普通になった。

また、ソマリアではモガディシュにいた国内避難民の五〇％が携帯電話をもち、それ以外の四七％の人がその電話を借りて使用しているとの調査結果もあった。

余談になるが、ソマリアは長く続く内戦で多くの難民が海外に流出したが、海外で成功した人々がソマリア国内でビジネスを展開し、二〇一四年の時点で二〇以上の民間会社の携帯電話ネットワークが広がっていた。当時、アフリカからアメリカに電話をかけるのに最も値段が安く、空港では無料でSIMカードが配られていた。

この背景には、無政府状態だったために国の規制もなく、自由にモバイルネットワークを構築できたこと、ソマリア人はもともと遊牧民で、郵便システムがなくとも遠く離れた家族や一族（クラン）とつながる口承のシステムがあり会話が好きなこと、また海外からの送金が二〇一四年当時に年間一〇億ドルともいわれ、銀行がないため電子マネーが流行したことなどがある。

いずれにせよ、途上国におけるＩＣＴを利用した保健医療情報は今後ますます発展していくものと思われ、グローバルファンドでも様々な投資を行っている。

第五章

インパクトを示す

1　インパクトとは何か

†成果を測る指標

「どんな組織が世界最強といえるのか？」と質問されたら、読者は何と答えるだろうか？
民間企業の方なら、おそらく世界的な経済誌『フォーブス』誌が公表する「世界の有力企業二〇〇〇社ランキング（グローバル二〇〇〇）」などを参照するのではないだろうか。

二〇一八年版のこのランキングでは、一位：中国工商銀行、二位：中国建設銀行、三位：JPモルガン・チェースで、トップ一〇を米中の企業が均等に分け合う結果となった。

このランキングは、各国の公開企業の売上高、利益、保有資産、時価総額を調べ、総合的に割り出したスコアによって決定したものだが、その指標は「資金」「お金」である。しかし、最近、営利企業であっても社会的責任や社会的インパクトを重視する動きが活発化している。

前章で述べた通り、日本でも社会的責任を果たそうとのCSRの推進が始まり、現在はそれをコアビジネスにも取り込もうとのCSVの概念が広まり、実践されている。このような流れの中で、成果やインパクトも自社の利益だけではなく、社会的利益に注目する組織も増えている。

営利企業や公的機関が非営利団体などと協働したり、それらを支援する際に、その組織、活動・事業がどれほどのインパクトを社会に及ぼしているか、社会的価値や意義を「見える化」して、組織・活動・事業を評価し、将来の投資の検討などに活かすこともある。

日本では、急激な少子高齢化などにともない、社会的課題は多様化・複雑化し、社会保障費の増大などによる財政的な問題もある。従来の行政中心の対応のみならず、民間の資源を呼び込むことで、社会的にインパクトのある事業や活動を活性化することが求められている。

また、近年では、社会的なインパクトを測る手法として「社会的投資利益率（SROI）」も注目されている。これは、ソーシャルビジネスのパフォーマンスを測る指標として、一九九〇年代後半に開発された評価手法で、これまで計測が難しかった社会的便益についても「あなた○○円が、社会に対して○○円になって還元されている」と説明することで、社会的なインパクトを貨幣価値に換算してわかりやすく表現できるようになった。

†「救った命」はどう数えるのか

グローバルファンドでは二〇〇二年の創設期より、投資による社会的なインパクトを測定し、ドナーに示してきた。これまで巨額の資金を世界のドナーから継続的に調達できた理由も、期待に応えて成果・社会的インパクトを示し、きちんと説明してきたからだと思う。

グローバルファンドにとって最も重要なインパクト指標は「三大感染症から救った命の数」であり、「感染を予防した人々の数」である。

よく海外ボランティア活動のメディア報道で「三万人の命を救った医師」などの表現を聞くが、多くの場合、それは診療した患者数で、治療しても助からない、また治療してもしなくても命に別状はないケースなども多いため、厳密には「診療した患者数」＝「救った命の数」とはいえない。以前、私が病院で働いていたとき、外来や入院患者を診ていて本当に「自分が命を救った」といえる割合はざっと考えて一〇〇人に二、三人だったろうか。もちろん、どんな病気・状態の患者をどのような状況で診るかによって大きく異なるものであるが。

私は以前、ミャンマーやソマリアで保健医療事業を統括していたとき、年間数百万人の子どもに予防接種を含む予防・治療サービスを届けていたが、これを成果として「年間数百万人の命を救った」とも「年間数百万人の感染症を予防した」ともいえない。というのも、ワクチンを接種してもしなくても、麻疹や破傷風などの感染症にかからない人もいれば、それによって死なない人もいるからである。

ドナーに対して、またその税金を払ってくれている一般市民に対して、正しく、わかりやすく報告することが求められている。

ではグローバルファンドはどのようにこの成果を測っているのだろうか。

結論からいうと、「救った命」や「予防した感染」の数を測る、科学的に絶対的に正しい方法というものはない。上述した通り、検査した人の数、治療した人の数などは数えることができるが、救ったかどうか、予防したかどうかは患者の病気・状態、提供したサービスなどから予測・推測するしかないからである。

それでも、この世で最も信頼できる専門機関・専門家によって合意できる方法はある。我々はWHOやUNAIDSなどの国際機関、インペリアル・カレッジ・ロンドンなどの感染症のデータ分析では世界でトップレベルの大学・研究所などとともに方法論を検討し、これまでの調査・研究、各国から収集したデータなどを基に、数理モデルなどを用いて推計してきた。

過去の様々なデータから、各感染症で治療または予防をしなかった場合の死亡または感染する確率がわかっている。それに対して、主要な治療または予防を提供することにより死亡または感染を防げる確率もわかっている。この差が救えた命、防いだ感染の数となる。

例えば、一〇〇〇人が結核で発病した場合、治療しなければ七〇〇人が死亡する。しかし、その一〇〇〇人を治療すれば死亡するのは一〇〇人しかいない。したがって、その差六〇〇人がグローバルファンドが治療を支援したことによって救えた命となる。

こうして推計された「救われた命」はグローバルファンドの創設時の二〇〇二〜一七年末までの一六年間で二七〇〇万人、二〇一二〜一七年の五年間で予防した感染は二億人（年間平均四〇〇〇万人）である。

この一六年間に投資された資金は約三八〇億ドル、日本円にして約四兆二〇〇〇億円である。これは日本の一年間の防衛費よりも少なく、東京都の予算の三分の一、日本の医療費の一〇分の一程度である。単純な計算だが、東京都の予算の三分の一の資金で東京都の人口の二倍以上の人の命を救い、二〇倍近い人の感染を予防したともいえる。

また、エイズ、結核、マラリアに罹患した患者は、治療しなければ、労働ができないほど憔悴し、寝たきりになって家計に大きな負担を強いる。マラリアは子どもや母親の命を多く奪うので、死亡した場合はその世帯や地域の大きな経済損失にもなる。これらの病気に感染した場合の経済損失に関する研究があるが、これらを基に試算すると、グローバルファンドの投資による投資利益率は一九倍。すなわち、年間我々が四〇億ドルの投資をすることで、最終的に社会に七六〇億ドルのリターンが返ってくることになる。

これは驚くべき投資利益で、本書冒頭で触れたように、ビル・ゲイツも、テクノロジー業界の投資成功率(一〇%)に比べて、グローバルファンドを含むグローバルヘルスへの投資を過去二〇年間に彼が行った「最高の投資」と言っている。

また、これらの成果・業績に対して、イギリス、オランダ、オーストラリアが独自に行った多国間開発評価、国際機関評価得点表などの評価でも、グローバルファンドは国際機関の中で最高レベルの評価を与えられている。

もちろん、経済効果よりも、死の淵から救われた人々の喜び、子どもが救われたときの親の喜びなどは何ものにも代えがたく、本来はそれが社会へのインパクトなのだと個人的には強く思っている。

成果は「冷徹な数字」にしか見えないが、そこには「生身の人間」の幸せが溢れている。数字の向こうにある現場のこと、人々の幸せを考えながら、成果の最大化のために全力を注ぐこと、それがグローバルファンドの使命だと思っている。

†成果報告書

グローバルファンドでは毎年、成果報告書を公表している。ここには上記したインパクトとともに、インパクトに直接結びつくパフォーマンス指標のデータを示している。

ここで難しいのが、グローバルファンドだけが独自に寄与した成果と、グローバルファンドが貢献して他の組織と一緒に協働で生み出した成果と、どちらを示すかということである。例えば、グローバルファンド以外に援助機関がなければ、支援したサービスがもたらす成果＝グローバルファンドの成果とみなせるが、ある国で治療薬の四〇％、治療のための人材育成の八〇％、サプライチェーンの七〇％をグローバルファンドが支援したとすると、どこまでをグローバルファンド独自の成果として計算してよいのか難しいのである。

また、組織独自の成果を強調することは援助協調の原則に反する。ドナーが援助に対する個別のデータや報告を求めるため、ある国では保健医療だけでも六〇〇以上の指標を測って別々のドナーに報告しなければならない現実もある。最終的に、国全体、世界全体の感染症流行を終息させるという目的を達成するには、「みんなで協力し、責任を分かち合い、成果の手柄をみんなのものとして喜び合う」ことが重要である。

以前は、グローバルファンドも自らの支援事業の独自の成果を報告していたが、二〇一八年度の報告書からは、グローバルファンドが多大な貢献をしている国のみを選んで、その国全体の成果を報告するとの合意に達した。それが以下の通りである。

†グローバルファンドの成果（二〇一八年度）

ＨＩＶ：

・ＡＲＴを受けている人：一七五〇万人
・自発的医学的男性包茎手術を受けた人：一一〇万人
・母子感染予防のためにＡＲＴを受けたＨＩＶ陽性の妊婦：六九万六〇〇〇人
・ＨＩＶ検査を受けた人：七九一〇万人
・ＨＩＶと共に生きる人々でケアとサポートを受けている人：三四〇万人
・ＨＩＶ予防サービスを受けたＫＰ：四九〇万人
・ＨＩＶ予防サービスを受けた若者：一六〇万人
・ＨＩＶ予防サービスを受けた人：九四〇万人

結核：

・診断・治療された結核患者：五〇〇万人
・診断・治療された薬剤耐性結核患者：一〇万二〇〇〇人
・結核治療中にＡＲＴが開始されたＨＩＶ陽性の結核患者：三四万三〇〇〇人
・結核患者に接触し予防治療を受けた子ども：九万七五〇〇人

マラリア

・リスクのある地域で配布されたＬＬＩＮ：一億九七〇〇万張
・治療を受けたマラリア患者：一億八〇〇〇万人
・屋内残効殺虫剤散布を受けた対象地域の世帯：一二五〇万世帯
・寄生虫学的検査を受けたマラリア疑いの患者：二億一三〇〇万人
・産前健診にて予防的治療を受けた女性：六〇〇〇万人

この数字だけでは成果がわかりにくいので、二〇二二年に設定したグローバルファンドの目標に対して、現在どれだけ達成したかの達成率を示すと、結核治療のカバー率は九二％、ＡＲＶ治療のカバー率は八五％、ＬＬＩＮのカバー率は八四％と良好である。

世界全体の統計でみると、ＨＩＶの治療拡大によって、二〇〇五年には年間一八〇万人死亡していたのが、二〇一七年には一〇〇万人と四四％も低下した。

結核による死亡は、二〇〇〇〜一七年の間にＨＩＶと重感染している者で四四％減少し、ＨＩＶ非感染者では二九％の減少を示し、マラリアによる死亡は二〇〇〇年の八四万人から二〇一七年の四三万人へと四八％減少した。

さらに、以下のような成果が報告されている。

・二〇一七〜一九年にKPへの予防介入の割当を前年度比で約三〇％増加
・医薬品などのストックアウト：年間一五％減の目標に対しHIVと結核関連医薬品で達成
・財務管理：合意した基準を八〇％超える国の数が一六カ国の目標に対して一三カ国達成
・保健医療情報システム：データ収集・分析の適時性と完全性の基準を上回った国の割合が七〇％の目標に対して二五％達成（さらなる努力が必要）
・一五〜二四歳女性のHIV新規感染率の減少率：二〇一五〜二二年目標値五八％に対して二〇一七年末で一六％（さらなる努力が必要）
・グラント活用：目標七五％に対して達成

†インパクトが示せない場合

残念ながら、すべての国で成果を示せたわけではない。

図13のように、グローバルファンドでは対象国のパフォーマンスをKPIの指標ごとにグラフ化しているが、中にはパフォーマンスの低い国、それがなかなか改善しない国がある。これらはCOEを含め、国のリーダーシップやガバナンスの不足、ニーズの大きさに比べた資源の不足、国のシステムの脆弱性などが共通の要因として存在する。

そのような国に対しては、現場で活動している援助機関とのパートナーシップをさらに強化する必要がある。国のリーダーシップやガバナンスに対して、保健分野の援助機関にできることには限界があるが、合同で詳細な問題分析や促進因子・阻害因子の同定を行い、具体的な解決方法を議論し、パートナー機関で協働の問題解決のための活動計画を作成し、役割分担を行うことで、効果と効率を上げている。

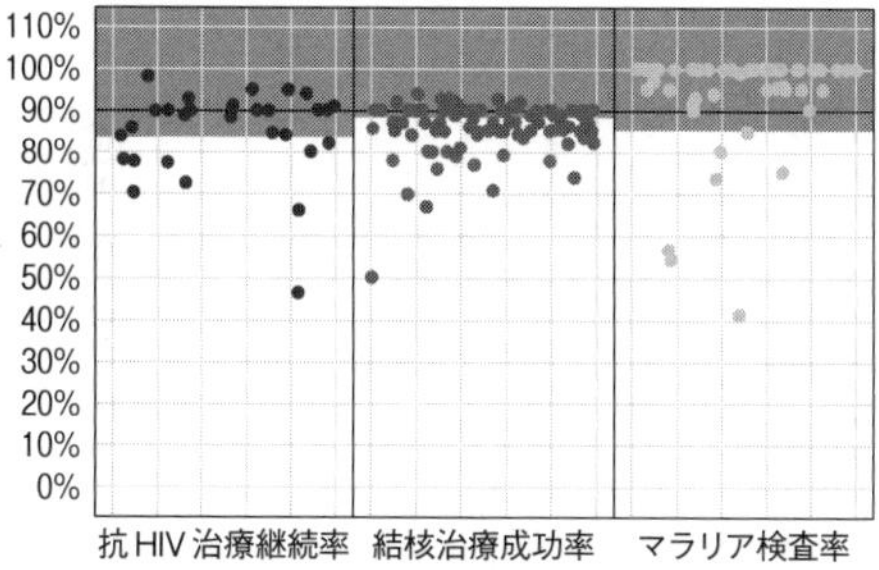

図13　2022年のターゲットに対するGF事業のパフォーマンス
（出典：グローバルファンド理事会資料、2018）

このような国では、解決策やそれによる成果を短期的なものと中長期的なものに分けて考えることも必要である。特に、多くの人命が失われている国では、人海戦術でもよいので、できる限り必須サービスを多くの人々に送り届け、死亡や感染を減らすことに優先順位を置くことが重要である。しかし、このような国には必ずどこかにシステムの問題があるため、人材、物流、情報などのシステムを中長期的に構築・強化していく支援も重要である。この短期と中長期でいかなるバランスをとって支援していくか。これがまさに難しいところだが、開発援助のプロフェッショナルの腕の見せどころでもある。

2　成果がもたらされた国々

†ボツワナの事例

ボツワナ共和国は、日本の一・三倍の面積、約二〇〇万人の人口をもつ南部アフリカの内陸国だが、二〇〇〇年には世界で最も高いHIV有病率を記録し、地域によっては二人に一人が感染していた。

これに対してグローバルファンドは、六〇〇〇万ドル以上の資金を投資し、政府機関、NGO、市民社会など二〇の組織・団体を通じて、エイズ患者の治療・ケア・支援、感染の予防、結核の診断・治療などを支援してきた。その成果が図14である。グローバルファンドの支援が始まってから、それまでうなぎ上りだった死亡数が急激に減少した。

もちろん、これはすべてのステークホルダーによる努力の賜物で、特に二〇〇二年までに政府や他の援助機関が地道に実施してきたことが、グローバルファンドの支援で加速され、結果として現れたのだと思う。

実際、この国ではHIVの爆発的流行を国家非常事態として宣言し、様々な対策を開始し、特に、二〇〇〇年にはアフリカで初めて、エイズ患者すべてにARTを無料提供する政策を発表した。しかし、資金が十分でなかったところ、グローバルファンドが参画してその努力が加速されていった。

いずれにせよ、対策が行われなければこの国の将来は誰の目からも明らかであり、まさに国際社会の一致団結によって勝ち取った勝利ともいえる。もちろん、今でも五人に一人以上がHIVに感染しており、闘いはこれからも続くのであるが。

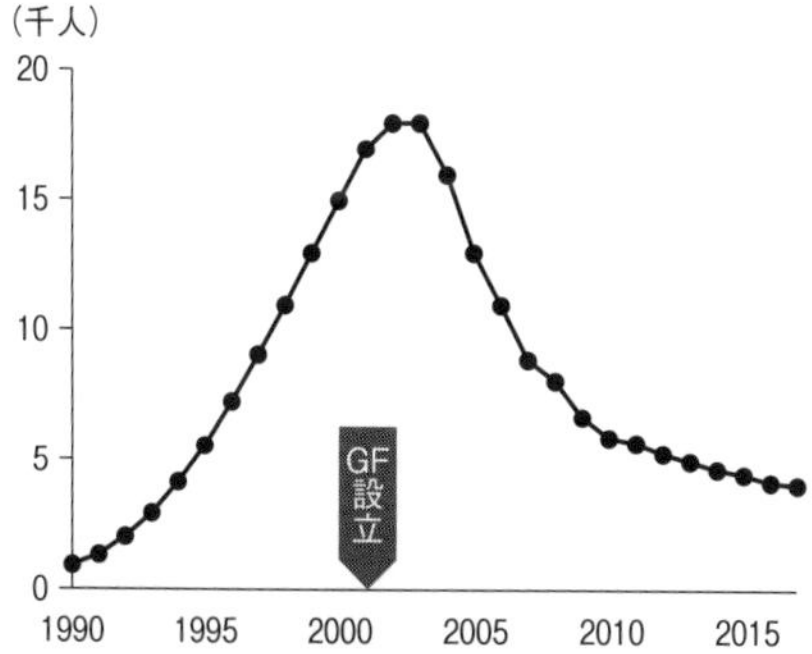

図14　ボツワナにおけるAIDS関連死者数の推移
(出典：UNAIDS AIDSinfo 2018)

†エチオピアの事例

アフリカ東部に位置し、日本の約三倍の国土と、日本とほぼ同じ人口をもつエチオピアは、一九八〇年代には一〇〇〇万人以上が餓死し、二〇〇〇万人以上が国内避難民になるなど、紛争や飢餓、政治不安が続き、一九九〇年代でも保健医療、教育などの人間開発は世界で最も遅れをとっていた国の一つであった。

この国では、一九八四年に最初のHIV患者が見つかり、一九九〇年代には性産業従事者やトラック運転手、兵士などの間で感染が拡大し、その後、一般人口に急速に広がっていった。一五〜四九歳のHIV有病率は一九九九年までの六年間で三倍に増加し一〇%を超え、HIV感染者数は推定三〇〇万人を超えた。当時、南アフリカ、インドに次いで、世界で三番目に多い数である。

この国は結核の疾病負荷が世界で最も高い国の一つで、多剤耐性結核による疾病負荷も高かった。国土の大部分がマラリア流行地域で、二〇〇四年には年間五〇〇万人以上の患者が報告されていた。

これに対して、グローバルファンドは二〇〇三〜一八年までに二二億二八〇〇万ドルの支援を行ってきた。特に、現在のWHOの事務局長であるテドロス・アダノム・ゲブレイェスス氏がエチオピア保健相であった二〇〇五〜一二年には、彼のリーダーシップのもと、感染症対策のみならず、保健システム強化にグローバルファンドの資金を大いに活用した。

特に地域保健サービス拡大計画のもと、四万二〇〇〇人以上の女性の地域保健員を育成し、三大感染症対策とともに、母子の死亡原因や非感染性疾患などにも対処し、さらに保健医療施設や医薬品倉庫などを増やし、保健医療情報システム強化にも投資した。

その結果、グローバルファンドの支援が始まって以来、平均寿命は一〇歳伸長し、乳児死亡、妊産婦死亡は二〇〇〇年以降、それぞれ六〇%以上、七〇%以上減少した。

HIVについては、二〇〇二〜一六年の間に、新規HIV感染者数が年間五万人台から一万人台に、AIDS死亡数は八万人台から一万人台に減少し、結核も二〇〇〇〜一七年に死亡率が六六％減少し、新規患者数は三九％減少した。マラリアは、二〇〇〇〜一六年にかけて罹患率は半減、死亡率も四分の一に減少した（写真28）。

写真28　エチオピアの地域保健ワーカー。毎日このような道を数時間歩いて村々を回り、人々の命を守っている。

†ミャンマーの事例

日本の人口の約半数で、一・八倍の面積をもつ東南アジアに位置するミャンマーは、軍事政権が五〇年にわたって続き、二〇〇〇年のWHOの報告書では世界でシエラレオネの次に保健システムが脆弱な国としてランクされた。

この国は、軍事政権により事業を適切に管理・運営できないとの判断から、二〇〇五年からグローバルファンドは支援をストップしたが、民主化の促進により二〇一一年に支援が再開された。また、二〇一三年からはメコン流域国五カ国への地域マラリア対策プログラムも始まり、二〇一七年までに合計三億五〇〇〇万ドル以上の支援が届けられた。ミャンマー全体のマラリア対策予算でみると、グローバルファンドの支援前に比べて後では一〇倍に急増している。

これによって、マラリア患者数は二〇一〇年以前の約七〇万人から二〇一六年の約五万人へ一〇分の一以下に減少し、死亡数も二〇〇五年に一六〇〇人以上だったのが一〇年間で九五％の減少を示した。

また、HIVのARTの普及率は二〇〇五〜一七年で四％から六六％へと一六倍以上に急増し、結核患者の検査・治療は二〇〇〇〜一六年で約三万人から一四万人以上へと四倍以上に増加し、薬剤耐性結核の検査・治療も二〇一一〜一七年で二四七人から約一万人へと四〇倍以上に急増した。

グローバルファンドの支援が実際にどのように現場を変えたのかを見るために、何度かミャンマーに視察に訪れたが、中でも大きな変化を感じたのがHIV対策である。私が赴任していた二〇〇八〜一〇年は軍事政権の真っ只中で、ミャンマー国内では様々な人権侵害・弾圧が横行していた。それに対して、私たちも表立ってではなく、地下活動のような支援を余儀なくされたこともある。

特に、性産業従事者やMSMは違法で取り締まり・弾圧の対象だった。警察は性産業従事者と疑った女性を取り調べる際に、コンドームをもっていることを証拠としたので、彼女らはそれらを所持せず、かえってHIV感染のリスクを高めていた。また、性産業従事者の取り締まりといいながら、見過ごす代わりに金を巻き上げる、性交渉を要求するといった職権乱用もあったようである。

それが二〇一六年に日本の国会議員とともにミャンマーを訪れたときには、多くのNGOがMSMやセックスワーカーに対する支援を公然とまた活発に行っていることにまず驚いた。国もそれを積極的に支援する姿勢を示していた。

NGOが支援するドロップイン・センターを視察した。前章で述べた通り、この施設はKPの仲間同士で情報交換や助け合いを行う場所で、HIVに関する教育・啓発、HIV検査や治療の促進なども行っていた。

そこにはMSMや性産業従事者が多く集まっていたが、以前、警察を避け、人目を避け、自信もなく過ごしていた頃とは異なり、我々訪問者が来ても動じず、質問があれば何でもどうぞ、という堂々とした態度であった。

様々な問題を抱えてここに集まった彼女らは、HIVの問題だけでなく、性的マイノリティ、またセックスワークという仕事に対する社会の偏見・差別にどう立ち向かうか、仲間たちで学び合い、ライフスキルなどを習得し、自分たちのエンパワメント、能力向上も行ってきた。

様々な質問をしたが、それに対する答えも明確で、自信に満ちていた。

しかし、訪問していた国会議員が憚《はばか》りながらした質問「なぜセックスワーカーをしているのか？」に対しては、「夫にずっと暴力を振るわれ続けてきた。ずっと耐えたが、最後には耐えきれず、子ども三人を連れて家を出た。いろいろ仕事を探したが、一家四人を支えるにはこの仕事しかなかった。」この状況は、私がいた当時と変わってはいなかった。ただ、彼女の顔に悲壮感はなく、「セックスワークも仕事よ」という自信すら、私には感じられた。

3　効率を高める

†バリュー・フォー・マネーという考え方

インパクトを示すために、考慮しなければならないことがある。「バリュー・フォー・マネー」（VfM）である。

これは元々、イギリスで「国民の税金を最大限有効に活用しよう」との発想から、公共事業の効率性を上げるために考えられた概念である。今ではイギリスのみならず、多くのドナー政府が自国の税金がどれだけ価値あるサービスに使われているか、効率的に使われているかを開発援助においても評価するのに使用される概念・指標となっている。

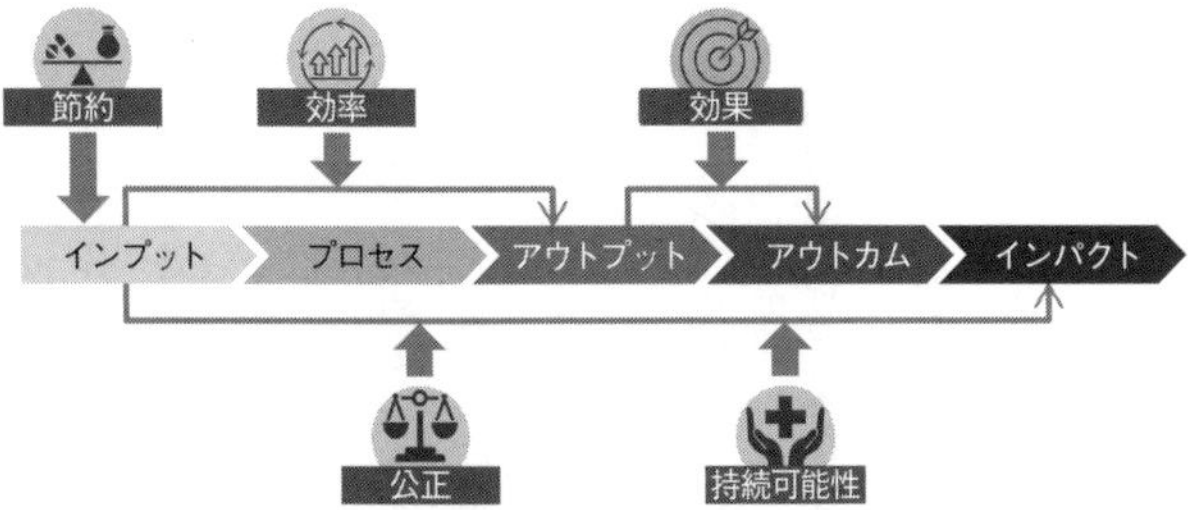

図 15　Value for Money の 5 要素
（出典：グローバルファンド理事会資料、2018）

図15のように「最も価値あるサービスを提供する」には五つの意味があると考えられている。

一つは、「効率」。一定のインプット・投入をして、できるだけ大きなアウトプットを生むこと、同じ資金を投資して成果を最大化することである。前章で述べた「資金の国別配分」はまさにこれで、どこの国に資金をどれだけ配分すれば、どのような効果を生み出せるかを、各国の疾病負担と経済力で計算してできるだけ成果を最大化するように計算・調整するのである。

また、各国に配分された資金をどのような地域、人口集団、サービスに投資するかという計画や戦略もこのＶｆＭを最大化するのに重要である。これを配分効率性の最大化といい、各感染症対策の数理モデルなどを用いて改善する方法があり、他の技術パートナーと一緒に各国への技術支援をしている。

次に「節約」。医薬品や医療資機材などをより安価に調達したり、事業の管理運営費を節約したりすることで、その資金を別の活動に投入し追加的な成果を生む。グローバルファンドにはこのための様々なメカニズムがあり、その代表が共同調達メカニズム（PPM）である。これは各国で必要とする治療薬や診断薬、予防製品などの医薬品を、世界六〇カ国以上で必要な数年分をまとめて購入・調達することで大幅にコストをカットし、低価格で品質が保証された医薬品を、必要な時期に安定的かつ迅速に各国に送り届けるメカニズムである。

例えば、二〇一八〜二一年の四年間にグローバルファンドが支援する国々で四〇〇万人以上の命を救うために必要な薬を購入するコストは通常であれば一二億ドルだが、PPMでは一四の製薬会社と交渉・合意することで三・二四億ドルを節約することができる。実際に、他の医薬品なども含めると、二〇一七年の一年間だけでPPMによって約二億ドルを節約した。これはスケールメリットとも呼ばれるが、ある程度の資金規模がなければできないことで、グローバルファンドの大きな付加価値といわれている。

†社会の辺縁にいる人々にこそ届ける

さらに、「効果」。これは活動によって生まれた直接の結果・アウトプットを実際我々が期待する成果につなげるものである。

例えば、ある国である資金を使って一〇〇万人分の診断薬を購入し、一万人分の医療従事者の人材育成をし、一〇〇〇カ所の医療施設の管理運営の改善をしたとする。この活動による直接の結果・アウトプットとしては、これによって一〇〇万人の患者を診断し、一万人の医療人材に研修を与え、一〇〇〇カ所の医療施設に情報・財務・物品管理の研修を行った、となる。

しかし、これらの介入によって一〇〇万人の患者を診断して、三〇万人には治療が行き渡らない、または治療の質が悪く、最終的に完治しなかった、医療人材は研修を受けたがそのうち三〇%が一年以内に仕事を辞めてしまった、医療施設に与えた情報管理システムは複雑すぎてほとんどの医療機関で活用できなかったなどの理由で、期待していた効果そして成果が現れないこともある。

どれだけのモノを提供したか、ヒトを研修したか、という活動の結果だけではなく、その先にある最終的な成果を出すためには、活動の内容や質を吟味し、他の介入との連携、新たな介入方法やテクノロジーの導入などにより効果を上げることが必要である。

ここで気をつけるべきことは、「効果」といったとき、「費用対効果」の高いサービスが必ずしも求められるわけではないこと、そして、より多くの人々にサービスを送り届けることばかりに気を取られていると、見えなくなるものがあるということである。

それがVfMの四つ目の概念、「公正」である。必要なサービスを必要とする人々に公正に届けられたかということである。ここで「公正」と「平等」が混同されることがある。その違いを三秒で教えてくれるのが図16である。

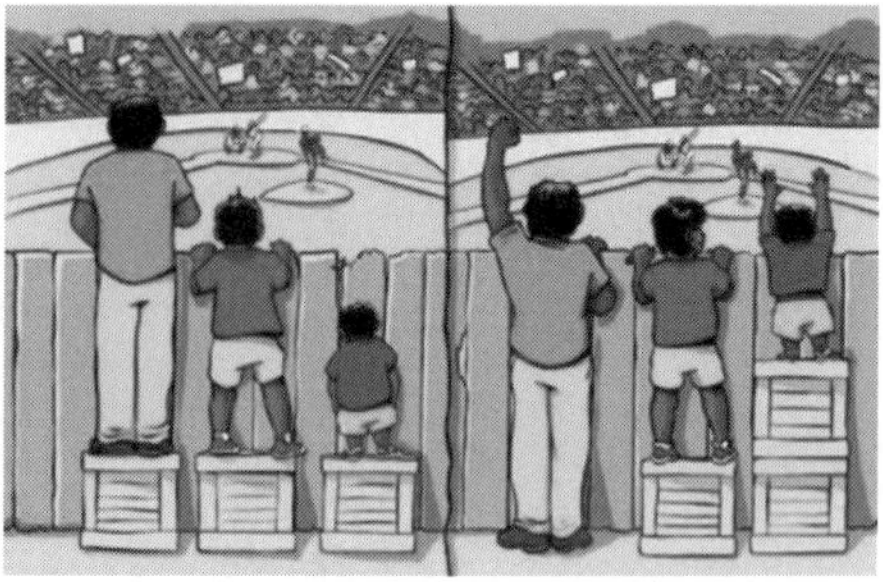
平等（Equality）　公正（Equity）

図 16　平等と公正の違い

日本を含めて、世界中どこにでも社会的弱者、社会の辺縁に追いやられている人々がいる。平等な社会だと思っても、実際には彼らがアクセスできないサービスがたくさんある。「公正」ではない状態に多くの人々は図16のように気づいていないのだ（写真29）。

実は私にも苦い経験がある。ある国で予防接種、教育、安全な水、トイレ、栄養改善などの事業を拡大していき、その普及率が六〇％から七〇％、そして八〇％へと改善していった。ついに予防接種率は九五％にも上がった。目標は九〇％。達成して満足していた。自分の仕事はやり終えたとも思った。

しかし、現場に何度か足を運んだときに気がついた。最も貧しい人、必要としている人々にサービスが届いていなかったのだ。予防接種が行き渡らなかった最後の五％には、実は教育も、安全な水も、トイレも、栄養も不足し、すべての支援から取り残されていた。これに気づいたとき、とてもショックだった。最も忘れてはならない人々を私は完全に忘れていたからである。

「誰も置き去りにしない」とは、SDGsの基本理念である。理念は誰にでも言える。しかし、これを本気で実現するには、置き去りにされている人々のことをしっかりと見つめ、真剣にその解決策を考える必要がある。数値目標が達成されても、その後ろに隠れている人々がいることを考えながら、特別な対策が同時に必要なのである。

写真29　ソマリアの紛争被災民。このように、誰からも手を差し伸べられず、取り残され、忘れ去られている人々が、世界には少なくない。（筆者撮影）

この社会には、「生産性」や「効率」「効果」だけで測れない、また測るべきではないことがある。しかし、何らかの指標を示さなければ置き去りにされたままになるので、グローバルファンドでは偏見・差別、時には暴力や迫害まで受けるKPに対してKPIを設定している。完璧な指標は未だ見つからないのだが、KPに対するサービスの投資額、KPへの包括的サービスを導入・拡大している国の数などを指標として、彼らにどれだけのサービスが行き渡っているかをモニタリング・評価している。数値で示せないことも多いので、定期的に質的なデータ・情報を収集し、分析して報告している。

VfMの最後の要素は「持続可能性」である。グローバルファンドが最終的にめざすのは各国の援助からの自立であり、各国自身によるサービスの継続である。その準備はできているのか、長期的にでも、そのための努力を進めていく必要がある。この取り組みに関しては、前述した通りである。

このようなVfMは、すべてグローバルファンドの活動に必須のものであり、戦略や活動計画などに様々な要素が含まれている。

第六章

人材を活用する

1　リーダーを選び育てる

ジェームズ・C・コリンズ著『ビジョナリー・カンパニー2——飛躍の法則』では、「『人材こそがもっとも重要な資産だ』という格言は間違っている。（中略）適切な人材こそがもっとも重要な資産なのだ」と述べられている。

では「適切な人材」とは何だろうか。それはいったい何に対して「適切」なのか。どのようにして「適切」な人材を集めて、育てるべきなのだろうか。

†第五レベルのリーダー

「最強の組織はカリスマ性のある最強のリーダーが牽引する」。

そんなイメージをもっている人が多いのではないだろうか。

確かに、スティーブ・ジョブズ、ビル・ゲイツ、松下幸之助、本田宗一郎など、世界に名だたるトップ企業のリーダーにはカリスマのイメージがある。そうした特別な能力をもった強靱なリーダーこそが、強い組織を作るとのイメージが強い。

しかし、『ビジョナリー・カンパニー2』では、先見性のある会社を率いたリーダーの共通の特性とは、カリスマ性でも、特殊な能力でもなく、「謙虚さ」、それも「驚くほどの謙虚さ」、そして「不屈の精神」だという。これをこの本では「第五水準のリーダー」と呼んでいる。

第一レベル：有能な個人、第二レベル：「組織に寄与する個人」、第三レベル：「有能な管理者」、第四レベル：「有能な強いリーダー、いわゆるカリスマリーダー」と人材は組織の中で成長していくもので、著者のジム・コリンズ氏たちは、第四レベルのリーダーが最上位と想定していたが、調査と分析を通じて、そうした企業を創るには「職業人としての不屈の精神と人間としての謙虚さの双方を備えた第五レベルのリーダーシップ」があることを発見したという。

この第五レベルのリーダーシップの喩えとして紹介されているのが「窓と鏡」である。それは、「成功したときは窓（外）を見て、部下、同僚、関係者などに感謝する。失敗したときは、鏡（自分）を見て、反省、改善する」というものである。

確かに、私も国内外で様々なトップリーダーに会い直接、また間接的に彼らの話を聞くことがあったが、第四と第五レベルは確かに違う。真のトップリーダーは腰が低く、人の話に耳を傾け、感謝の気持ちを忘れないという共通点を私も感じる。

真のトップリーダーの特徴は、真のプライドを持ち、自分の存在意義を知り、最も大切にすべきものを知っていることであると私は思う。自分自身を尊び、誇りをもっているので、自分の肩書や偉さをひけらかすことも、人に誇示する必要もない。自然体で人に接し、自分に対して自信はもっているが過信はしない。同時に弱さや欠点もわかっているので、知らないことやわからないことは人に聞き、過ちは認める。

最も大切にすべきは自分ではなく、組織であり、そこで働く職員、そして家族であることを知っている。特に、欧米と日本での大きな違いが家族との時間を大切にするか否かだが、それを率先して示し、職員にもそのための休みや勤務形態の柔軟性を寛容に与えるトップリーダーが少なくない。

†グローバルファンドのリーダー

グローバルファンドは先進国から途上国政府、国連・国際機関からNGO・市民社会まで、様々なステークホルダーの期待を背負って創設されたので、その事務局を統括するリーダーにも、多大な期待が寄せられ、多様な能力が求められた。

国連機関の中には、トップが暗黙の了解で、必ず最大拠出国のアメリカから選出されたり、多額の選挙活動費を使って各国政府代表から票集めをしなければならない組織もある。

グローバルファンドではこれらの教訓から、公正さや透明性を重視し、理事会の中で事務局長の選考委員会を組織し、選考の仕方、その基準などを決め、理事会で最終決定してきた。

そうして選ばれた初代の事務局長がリチャード・フィーチャムである。ロンドン大学医学部卒、ロンドン大学公衆衛生・熱帯医学大学院学部長、世界銀行保健・栄養・人口局局長、カリフォルニア大学バークレー校国際保健学教授、世界保健研究所所長などを歴任した。さらに、エリザベス女王より名誉大英勲章CBEを受章している。

二代目がミッシェル・カザツキン。ネッカー小児病院大学卒、パスツール研究所、フランス国立エイズ研究所所長、ポンピドゥー病院免疫学部長、WHOのHIV／エイズ技術戦略諮問委員会代表および結核技術戦略諮問委員、フランス政府のグローバル・エイズ・感染症問題担当大使などを歴任した。

三代目がマーク・ダイブル。米国ジョージタウン大学医学部卒、米国立衛生研究所アレルギー・感染症研究所勤務を経て、米国大統領緊急エイズ救援計画（PEPFAR）の設立を主導した後、その代表であるグローバル・エイズ調整官（米国務次官補級、大使級）、ジョージタウン大学オニール研究所国際保健法プログラム共同ディレクターを歴任。

私は、このマーク・ダイブルに選ばれて、彼の就任一カ月後にグローバルファンドに入り、幹部会、出張などで彼の仕事ぶりを直接観察していたが、まさに彼は第五レベルのビジョナリーリーダーであり、私が最も尊敬するトップリーダーの一人である。

表向きの重要な会合があるとき以外はポロシャツなどラフな格好をし、誰にでも気さくに声をかけ、また耳を傾けた。NGOや市民社会の人々から、各国の大統領や大臣クラスまで分け隔てなく付き合い、誰からも多大な信頼を受けていた。常に学び続け、エビデンスを追求する医師・研究者としてのハートも熱く、彼と私はよくデータやサービスの質を上げるための方法、インパクトを最大化するためのイノベーションなどについて熱い議論を交わした。

二〇一八年三月より新しい事務局長となったのがピーター・サンズである。オックスフォード大学卒業、ハーバード大学大学院公共経営学修了、英国外務省、マッキンゼー・アンド・カンパニーロンドン支社ディレクター、スタンダード・チャータード銀行グループの最高経営責任者となった。任期中、保健に重点を置く同銀行のCSRプログラムを統括し、寄付やロジスティクス支援などエイズやマラリア対策に貢献。退職後、グローバルヘルス分野に身を投じ、米国医学アカデミーのグローバルヘルス・リスクフレームワークに関する委員会の委員長を務め、世界銀行のパンデミックに備えるファイナンスに関する国際ワーキンググループの議長、ハーバード・グローバルヘルス研究所およびハーバード大学ケネディ・スクールのリサーチフェローなどを歴任してきた（写真30）。

二〇一九年五月現在、私はこのピーターと一緒に仕事をしているが、頭の切れは抜群で、専門外のことであっても、要点を即座に理解し分析する能力、その中からリスクとチャンスを見分ける眼識、機転の速さ、人を深く納得させるコミュニケーション能力などは半端ではない。保健医療と金融財政を結びつけるのには最適の人材で、既に開発途上国の国内資金や革新的資金の動員をはじめ、事務局内外で活発な議論を誘発し、新たな形のリーダーシップを発揮している。彼も第五レベルのリーダーというべき、様々な意見に耳を傾ける謙虚さとともに、様々なチャレンジに直面してもめげない精神を兼ね備えた人物である。

写真30　ピーター・サンズ現事務局長（中央）の訪日スピーチ。その右が筆者。

†リーダーを育てる

組織内で人材を育てる「タレントマネジメント」は、組織を成長させ、成果を高めるために重要であるが、その中でも第三、第四レベルのリーダーを育てることも重要である。

グローバルファンドではこれまで様々な取り組みをしてきたが、特に最近では「エレベイト」と呼ばれるリーダーシップ研修を作り、今後、事務局を支えるリーダー、マネージャーを育てる仕組みづくりをしている。これはグローバルファンド事務局の約一七〇人のスタッフを対象に、グループでの講義・討議、一対一のコーチング、現任訓練（OJT）などを行う二年間のプログラムである。

これを通じて、グローバルファンドがもつ付加価値とは何か、現在抱える問題は何か、将来はどうあるべきか、そのために求められるリーダーとは何かなどをじっくり話し合い、それらをベースに個人の目標設定をし、実践し、その中でコーチングやOJTなどを行っている。

グローバルファンドではリーダーやマネージャーも三六〇度評価を受け、それらを基に毎年の人事評価がなされる。優れた人事評価を受けたマネージャーやリーダーは次のレベルに向けて幹部会で検討される。

和田浩子『P&G式　世界が欲しがる人材の育て方』では、「適材適所」ではなく「適所適材」、つまり、人を見て与えるべき課題や任せる仕事を考えるのではなく、求める働きや役割を最初に定義してから、そこにマッチする能力をもった人材を探すことが重要だというが、グローバルファンドのみならず、国際機関や欧米の組織では「適所適材」が常識となっている。

特にグローバルファンドでは「目的にかなう」また「未来に適する」組織・人事のあり方を

問い続け、それによってビジネスモデルも見直す。リーダーを育て、タレントを磨くのも、組織に求められているもの、今後新たに求められるものを考えながら、それに見合った人材を育成していくことに力点が置かれている。

2 人材を集める

†武士道型と騎士道型雇用の違い

日本型雇用と欧米型雇用を比較するときによく使われるのが、「メンバーシップ制」と「ジョブ型雇用」の概念である。

日本の雇用契約に関してよく言われるのが「メンバーシップ制」だ。これは、職務や勤務地などを限定せずに、企業の構成員の一人として労働者を採用する仕組みのことである。日本では新卒一括で大量に採用するのも、まっさらな新人に対して新人研修やOJTを通して、その企業のプロフェッショナルになるための教育を施しやすいからである。

これは一種の「ポテンシャル採用」であり、「今何ができるか」ではなく、鍛えれば「将来使い物になりそうか」が問われる。そして入社後は、様々な仕事を経験し、多くの人はジェネラリストとなり、あるいは得意分野を見つけてスペシャリスト的な働き方をする人も出てくる。様々な仕事を知っているので、視野が広がるとともに、他の部署の事情も理解できるので、部門間の調整が容易となるという利点もある。

これに対して、欧米型の雇用契約は「ジョブ型雇用」であり、専門スキルを活かして、仕事の中身や勤務場所を選ぶことができる制度である。企業側からは、専門性の高い優秀な労働者を確保できるのが利点で、近年では、日本でも専門職を有する企業が採用しているようである。労働者は雇用契約に従って仕事を行い、それ以外の仕事を行う義務はない。

このような日本と欧米の雇用の違いを武士道と騎士道の違いと説く人もいる。

日本の「武士道」は生涯にわたって主君に仕える忠誠心こそが重要で、戦《いくさ》で敵への降伏を拒否し、死ぬまで戦うか自決も止むなしと考える。

一方、騎士道でも主君への忠誠心は重要だが、勝利という実利を重んじ、武士道のような無駄死には名誉どころか不名誉にあたる。

さらに騎士道は、主君に対してドライな部分もあり、それよりもむしろ女性を大切にする。女性を争いから守り、また女性には従うべきだとの思想があり、女性への愛は主君や神より上位にあると考える国さえあったという。組織よりもパートナーや家族を大切にする欧米人の考え方はここから来たのだろうか。

グローバルに仕事をする場合、ほとんどがこのジョブ型の雇用で、グローバルファンドはまさにその典型といえる。以下に、グローバルファンドにおける人材の集め方・確保の仕方、どのような人材がいてどのように働いているのかなどを紹介したい。

†グローバルファンドに必要な人材とは

本書冒頭で述べた通り、グローバルヘルス分野の国際機関でグローバルファンドの予算は最大だが、事務局で働くスタッフの数は他の国際機関に比べて極めて少なく、約七五〇人である。組織の役割が異なるため単純比較はできないが、例えばWHOの年間予算はグローバルファンドのほぼ半分でスタッフ数はグローバルファンドの一〇倍近く、ゲイツ財団の年間予算（教育なども含めたグラント供与額）はグローバルファンドとほぼ同額だが、スタッフは約二倍である。

その理由としては、各国のオーナーシップとパートナーシップを尊重してグローバルファンドでは国事務所をもたないこと、さらに資金をできるだけ対象国の事業に配分するため事務局経費の上限を決め最小限に抑えていることなどがある。これにより事務局の管理費は二〇一八年時点で予算全体の七％未満、人件費は管理費の半分程度である。

スタッフの国籍、学歴、職歴、専門、スキルは多種多様である。特に、国籍は一一〇カ国以上で、欧米はもとより、アフリカ、ラテンアメリカ、中央アジアなどあらゆる地域から人が集まっている。中にはアフガニスタンやルワンダの内戦から逃れた難民で、欧米で学び這い上がってきた人もいる。また、LGBTやHIVとともに生きる人なども多く、一般的にはマイノリティと呼ばれる人々がむしろ大きなパワーとなっている。多様性は組織に新たな価値観とダイナミズムを生むことを実感している。

グローバルファンド事務局には、事業管理局、財務局、戦略・投資・効果局、戦略・政策ハブ、理事会担当室、人事部、リスク管理部、法務部などがあり、また事務局とは独立した総合監察官室（OIG）がある。

業務は多岐にわたり、私が統括している「戦略・投資・効果局」だけでも、三大感染症と保健システムの戦略・政策作り、各国事業への技術支援、技術的パートナーとの連携促進、各国の事業のモニタリング・評価を支援する「技術支援・協調促進部」、KPのアクセスの向上や人権の擁護、ジェンダーの平等などを促進する「コミュニティ・権利・ジェンダー部」、各国に事業計画申請の手続きを伝達し、実際に各国からの事業計画書を技術審査委員会などを通じて審査・認定する「資金アクセス部」、外部専門家とともに成果・インパクトを測定し、成果報告書や投資計画などを作成する「戦略情報部」、グローバルファンドの戦略やインパクトなどに関する独立した評価を実施し、助言・勧告を行う独立した技術評価委員会（TERG）のサポートを行う「技術評価委員会事務局」など広範囲である。

求められる専門性は保健医療分野のみならず、経済、経営、金融、IT、法律、物流、監査など部局によって大きく異なる。職員の職歴を見てみると、国連・国際機関、政府援助機関もいるが、NGO、市民社会、コンサルタント会社、IT関連企業、金融機関、物流関連企業、医薬関連企業など、民間セクター出身者も多い。開発途上国や先進国の政府や公的機関に勤務していた人もいるが、原則としてドナー国の官公庁からの出向者はいない。政治的な影響を避けるためである。

†求められる能力

求められる資格・能力は、職種とそのレベルによって異なる。レベルにはA（アシスタントなど）からH（事務局長）までの八段階がある。

レベルAとBは大学卒業レベルで、特に高い専門性は求められないが、事務やアシスタントとしての豊かな経験と能力が求められる。例えば、私のアシスタントはレベルBだが、そこに応募してきたのは大手企業の社長秘書から国連機関のコンサルタントまで多様で、最終的に選ばれたのは経営学修士（MBA）と公衆衛生学修士（MPH）の二つの修士をもち、コンサルタント経験もある人材であった。

レベルCからは大学院（修士課程）卒業資格が求められることが多いが、博士課程修了を資格として求めるポストは、ＨＩＶ対策、保健システム強化のアドバイザーなど、高い専門性を要する職種以外は稀である。また必要とされる修士の内容は採用情報（ＴＯＲ）の資格として厳密に指定することはほとんどなく、公共政策学であろうが、経済学であろうが、修士をもっていることが重要で、採用には職歴・経験、個人の能力を重要視する。

日本と違って、出身大学名はグローバルに仕事をする場合にはほとんど意味がない。学士レベルでどこの国のどの大学を出ようが、出身大学の名前で採用が左右されることはまずない。修士レベルでは、それぞれの分野でグローバルに名が通っている大学院があるので、それらを卒業しているとベースにある能力への信頼性は高まるが、基本的にはどの国であっても、まったく無名の大学院であっても採用には影響しない。

職種によって異なった能力・資質が必要とされながらも、共通に必要とされる能力・資質もある。それは、誠実さ、協調性、成果に対する原動力、責任感などである。どれほど優秀で能力があり、最終候補に名前が挙がっても、身元照会で、チームワークができない、過去に倫理違反があったことなどが判明すると、最終判断に大きく左右する。

職種によっては、途上国での現場経験を必要としないものもあるが、多くの職種で現場経験が重要視される。これは国際機関でなくとも、ＮＧＯ、市民社会、コンサルティング会社、大学などの組織を通じたものでよい。重要なのはその現場で何をやったか、どのような経験と技術を身につけ、使えるかである。これを履歴書にきちんと示す必要がある。

日本人にとって気になるのが語学のレベルだが、仕事は英語で行われるので英語能力は必須である。また、フランス語、スペイン語、ロシア語もオフィシャルな言語として使用されているため、それらの言語力が必要とされるポストもある。そうでない場合は、第三外国語の能力をあまり気にする必要はない。

広報、法務、渉外など、完璧に近い言語能力を必要とする部署もあるが、技術や専門性を優先する部署では必ずしも高い語学力を必要としない。実際、英語が流暢でないスタッフもグローバルファンドにはたくさんいるが、重要なのは相手の発言をしっかり理解すること、伝えるべきことをきちんと明確に伝えることである。

グローバルファンドは大統領や大臣クラスから、市民社会、当事者組織まで、さらに民間企業や専門機関まで、様々なパートナーとの意見交換、交渉、議論などを活発に行っているので、TPOに合わせたコミュニケーション能力、交渉能力なども必要とされる。

†国際機関の採用プロセス

国際機関にはそれぞれの採用プロセスがあり、申請のためのフォーマットも異なることも多いが、基本的にはどこでも似たようなプロセスをとっている。

まず、空席や新たなポストが出た場合、グローバルファンドを含め多くの国際機関ではホームページで公開して公募する。また、これらのほとんどの国際機関の空席情報を一挙に見られるサイト（unjobsやdevelopmentaidなど）もあり、登録をしておくと自動的に自分の関心のある空席情報が電子メールで送られてくるサービスもある。

組織やポストによって異なるが、グローバルファンドでは一つのポストに一〇〇人以上の応募があることは稀ではない。グローバルファンドを含めて国際機関では、組織内の異動であっても空席広告を見て応募し、競争を勝ち抜かねばならない。

応募書類は、教育レベルや勤務年数などの最低限の資格条件を満たすかどうかでまずふるいにかけ、さらにいくつかの基準で審査して、五～一〇人に絞りこむ（ショートリスト）。これらに対して、求められる能力があるかどうかを判断するための筆記試験が課されることもある。

最終的に二～五人程度に絞られると、多くの場合、電話面接やスカイプなどを使ったWEB面接が行われる。世界中から応募があるため、グローバルファンドでは事務局での直接面接は幹部ポスト以外は行われない。最近では、電話やWEB面接であっても、最終候補者と選考委員全員の日程を調整するのが困難なため、あらかじめ用意した質問に対する回答をビデオ録画し、後日選考委員がそれを見て採点する方式をとっている。

幹部ポストの場合は、グローバルに信頼できる人材会社を通じて、そのデータバンクや世界の人材ネットワークなどから適した人材を探し、ショートリストする場合もある。私の場合も、イギリスの大手人材会社から突然電話があり、このようなポストがあるが関心があるかと聞かれた。履歴書を提出した後、イギリスさらにドイツから連絡があり、人事担当者や医療専門家から三度の電話およびＷＥＢ面接を受け、ショートリストされた後、グローバルファンドの事務局長および幹部によって二度の面接を受けた。面接は一時間以上に及ぶこともあり、技術的な質問からリーダーシップやマネジメントに関する質問まで多岐にわたった。

面接の方式については、近年では、国連・国際機関では「コンピテンシー面接」が主流である。日本でも使われ始めているようなのでご存知の方も多いと思うが、「応募者がその組織に合う能力やスキルを持っているか」を中心に評価する方式である。

日本における旧来の面接は、志望動機や自己ＰＲ、該当の業務における知識や経験、個人が描く将来像など、多角的な質問から候補者を総合的に判断しようとするものだったが、採用担当者による第一印象や応募者の受け答えなどによって左右されやすく、感情や主観によるバイアスがかかりやすかった。

これに対して、コンピテンシー面接は、応募者の過去の経験に対して質問を重ね、一つの話題を掘り下げていく中で、行動動機や思考回路、実務能力を判断しようと試みる。質問を深く掘り下げることで、本当に本人の行動だったのか、本人がどのレベルでその業務を遂行してきたのか、などをある程度客観的に判断できる。従来の採用面接が「能力主義」と評されるのに対して、コンピテンシー面接は「成果主義」の採用方法ともいわれている。

例えば、従来の面接では、志望動機や個人が描く未来像などに模範的な回答を用意できるが、過去に自分が発揮したリーダーシップ、そこで直面した困難、それをどう乗り越えたか、周りはどのように評価したか、もう一度同じ場面に出会ったらどうするかなど、質問を掘り下げる中で、実際の経験かどうかがわかり、本人の実力や技術が見えてくるのである。

私もこれまで面接官として多くの面接に立ち会ってきたが、経験はそれほどでもなくとも、英語がネイティブで自己PRがとても上手な応募者と、英語が上手でなくとも経験が豊かな応募者では、従来型とコンピテンシー面接では結果が逆転してしまうのではないかと感じるほど結果が異なる印象をもっている。

†どんな日本人が働いているか

実際に、どのような日本人スタッフがグローバルファンドでは働いているか。本人の許可を得て、以下に紹介したいと思う。

K氏は、長年民間企業で国際物流業務に携わった後、高齢社会の課題や可能性を体感しようと訪問介護ヘルパーに転進し、三年間地域の高齢者や障がい者の日常支援に入った。その後、日本政府ジュネーブ代表部で専門調査員、(公財)日本生産性本部で途上国支援業務に関わる中、グローバルヘルス分野に多くの支援が集まる一方、現地のサプライチェーンにまだまだ課題が山積でムダが多いと知り、グローバルファンドに応募し採用された。

グローバルファンドではサプライチェーン部門で、投資案件の費用対効果分析を担当し、支援国の末端までいかに欠品・過剰在庫・使用期限切れ廃棄を削減するか、現地の能力構築を支援し、いかに自らの力で管理できるようにするかを考えながら支援を推進している。

N氏は、研修医として東京都内の地域中核病院で勤務後、米国のジョンズ・ホプキンズ公衆衛生大学院を卒業し、東京で外資系コンサルティング会社に勤め、製薬企業・病院、そしてヘルスケア以外の事業会社にも、データ分析を軸としたサービスを提供していた。

グローバルファンドには、医師としての専門性とコンサルティングで培ったデータ分析スキルの両方を活かせると思い、転職。事業管理局のデータ分析チームで、各国の支援事業に関するデータを管理・分析して国別チームを支援している。また、KPIをモニタリングするためのプラットフォームとして、簡単な操作で分析ができるダッシュボードを作成している。

営利企業とは異なった国際機関ならではの文化にとまどうこともあるが、多様な価値観の中で、データという固いファクトとともに共通の価値を創り上げていく点は大変興味深く、有意義な時間を過ごしている。

R氏は早稲田大学大学院修士（心理学）、ハワイ大学大学院修士（公衆衛生）、博士（疫学）。米国のイースト・ウェスト・センターにてディグリー・フェロー、国立社会保障・人口問題研究所室長を経て、グローバルファンド事務局に勤務し、戦略・パフォーマンス・評価局戦略情報課長を経て、現在、技術評価委員会（TERG）事務局を管理している。タイ赤十字社エイズプログラム、JICA専門家としてニカラグア国地域保健プロジェクト、UNAIDSによる世界のHIV感染者数推計プロジェクトなどにも従事した。

その必要性と社会実験としての可能性を信じて、設立後間もないグローバルファンドに二〇〇四年に応募し採用され、グローバルファンドの成果測定システムをゼロから構築し、支援事業が救った人命の推計手法をWHOなどと協力して開発した。また、成果報告書やKPI報告書などもまとめ、各国での事業進捗評価にも関わった。次々とニーズが変化していくなかで、グローバルファンドの新たな方針や規則の作成、WHOの傘下から独立した際には人事の諸規則などの起案、戦略設定にあたっては目標設定班の組織・統括など多様な業務にも携わった。

現在、技術評価委員会（TERG）の運営を担当し、STC政策の策定や資金供与プロセスの単純化につながる評価などを通じ、戦略や実施の改善に貢献している。

変化する環境に対して、次の一手を打ち、多くの人を巻き込み仕組みを変えていくことで途上国の裨益者に貢献していく仕事に、やりがいと面白さを感じている。

M氏は英オックスフォード大学現代歴史学科博士課程（比較戦災復興史・戦災都市復興計画研究）修了後、研究職を経てカンボジアの国際NGOにてコミュニティ開発、UNDPシエラレオネ事務所にて地域保健衛生環境整備を通じたエボラ危機後の社会経済復興事業に従事。現在グローバルファンドにおいては、中・北東アフリカ事業マネジメントチームで、プログラムオフィサーとしてソマリア国事業を担当している。

グローバルファンドはよい意味で「物言う」ドナーであり、仕事は従来のドナー業務を超え事業の品質管理に深く関わることができる点が新鮮である。また、その事業の質の管理戦略はシステムとしても興味深く、学ぶ点が非常に多いと感じている。

T氏は、上智大学卒業後、フジテレビで報道記者と情報番組チーフ・ディレクターとして国内と海外のニュースの取材担当。その後、ハーバード大学ケネディ行政大学院より行政学修士号を取得。卒業後、ソニーのアメリカ本社の新規事業開発部にてベンチャーへの投資活動に携わり、北米投資家担当、インベスター・リレーションズを務めた。その後ウォールストリートの大手証券本社に勤務し、日系事業会社の投資家情報の助言・支援を行った。ニューヨーク大学で資金調達の勉強をしながら転職活動をしていた際、新しい官民パートナーシップのグローバルファンドを知り、二〇一〇年に入職した。

民間セクターの資金調達担当官として、富裕層と財団を対象とした資金調達戦略と革新的ファイナンス・プロジェクトに携わった後、渉外局のドナーリレーションズ担当官を務め、日本、オーストラリア、ニュージーランドとタイ政府を担当している。

ドナー国のグローバルファンドへの拠出は、義務拠出ではなく、各ドナー国の任意拠出金により支えられている。前増資より多く拠出誓約してもらうには、ドナー国と日々話し合いを重ねて信頼関係を築き、積極的にグローバルファンドの支援成果を共有することが重要となる。

日々、ドナー国からの質問や要望を、グローバルファンド内の担当部署に照会しドナー国に回答、グローバルファンドの幹部のドナー国への訪問の準備、さらに国際会議のサイドイベントなどを企画・準備している。また数年に一度、グローバルファンド支援委員会との共催で、ドナー国の国会議員のグローバルファンド支援国の視察を企画・実施し、視察を通じて、予算の決定権をもつ国会議員に、自国の拠出金がグローバルファンドを通じてどのような成果をあげているかを実地で確認してもらい、開発途上国の政府関係者やコミュニティの人たちとの対話から現地の課題を把握してもらうようにしている。

3　人材を育てる

本書冒頭で述べた通り、人材には、「有能な個人」「組織に貢献する個人」「有能な管理者」

「有能な強いリーダー」「いわゆるカリスマリーダー」「第五レベルのリーダーシップ」の五つのレベルがあるが、このレベルをアップさせるには様々な方法がある。中でも大切なのが、個人の評価とそれを次の段階にもち上げていく育成である。

†人事評価を活かす

人材を育てる前に、その組織としてどのような人材が必要なのか、現在の組織の戦略に見合った人材がいるのか、その量と質を評価する必要がある。そのために必要な包括的な人事戦略の一つとして人事評価がある。

ほとんどの日本の組織で社員の能力や業績、貢献度を評価する人事評価制度があるだろうが、その中で目的が明確で、その目的に見合った評価制度がしっかり稼働し、次のアクションにつながっているものはどの程度あるだろうか。

これまで様々な上司から人事評価を受け、また多くの部下に人事評価を行う中で、ある程度のツールは必要だが、やはり対話によるフィードバック、オープンで前向きなコミュニケーションが大切だと感じている。

パフォーマンスには様々な側面があるので、その組織、その部局、その個人に求められるものを評価対象として明示することがまず重要である。

評価対象としてよく使われるものが三つある。業績、職能、行動である。

「業績」とは、その組織や部局などの戦略目標や年次目標に合わせて、個人に期待される実績や成果で、年頭に上司とともにその年の目標を設定し、その指標や測定方法も設定しておく必要がある。

これはドラッカーが提唱した組織マネジメントの一つで、「目標管理制度（ＭＢＯ）」ともいうが、設定した目標を実行し、定期的にその達成度合いを確認するものである。当初の目標が実行できていたか、またはその途中で実行できそうかをチェックしながら、明らかになった課題や問題点の改善策を検討し、改善することで、目標達成に近づけ、また次の目標につなげる。

第二章で説明した通り、グローバルファンドでは組織のＶＭＯＳＡを基に、毎年の目標、優先事項、成果物などをタイムラインに沿って決め、局・部・チーム・個人と、順を追って決めていくので、個人の目標や役割が組織全体にどのような貢献をするのかが見えやすく、それに必要な業績・成果物も明示しやすい。

「職能」とは、スキルや知識などの能力の評価である。人事評価制度の中に職能要件の定義が定まっている場合が多いので、それを使って評価することが多いだろう。

「行動」とは、勤務態度や意欲などで、それによって組織の中で役割が果たせているかを評価する。

†三六〇度評価の大切さ

ここで重要なのは、これらの目標や評価基準を組織内、またチーム内で共有することだ。特にチーム内ではめざすべき目標を共有して、組織とスタッフが評価制度を通してどこに向かおうとしているのかを明らかにすることが、この評価を成功させるための秘訣でもある。目標や成果物、期待される職能や行動を明確にすることで、組織とスタッフのベクトルの向きを合わせることにもつながる。

人事評価制度は、具体的でわかりやすく、評価基準、評価プロセス、評価者などの情報を開示しなければ、何をどう頑張ったらいいのかわからず、会社への不満が募ることにもなる。公正かつ本人にとっても納得感のある人事評価制度はスタッフのモチベーションになり、組織にとってプラスに働く。そのためには、人事評価のフィードバックを丁寧に行うことが必要である。

そのため、グローバルファンドでは評価者の教育や評価される側の啓発を徹底している。職員にとって不平等で不満足な評価結果にならぬよう、また目的にかなった客観的な評価が行われるよう、評価する側もされる側も意識改革が必要である。

グローバルファンドではできるだけ単純にわかりやすく、透明で客観的な評価をめざし、毎年の人事評価は「何をしたか」と「どのようにやったか」の二つの側面で評価している。これは、成果目標と行動目標のように言い換えることもできるが、成果として何をやったかを数値や成果物などで示し、またその成果を出すためにどのような態度・行動特性・マインドセットが必要なのか、個人の年次目標の中に記入するのである。

これらの評価は、評価者が独自で主観的なものにならないよう三六〇度評価を加えている。これは部下や同僚、あるいは外部の関係者などから多角的に評価を受ける制度で、複数の評価者が加わることで、客観的で公正な評価をめざしている。これは組織内と外での評価の違いなどに気づき、上司の評価だけでは見えない強みや弱みが見えるので能力開発にもつながる。

最近では、人事評価の社員のランク付けを廃止するノーレイティングも欧米ではやりつつあると聞く。これは評価をしないわけではなく、頻繁に社員と評価者が仕事のやり方や成果について面談を行い、リアルタイムで仕事を評価していく方法である。数値化して一方的にランク付けされる評価制度とは違い、対話を通して納得した評価やフィードバックが得られ、改善すべき内容に集中できるという。

グローバルファンドでは今のところこの双方を取り入れ、年に一度の評価ではなく、頻繁に一対一の対話、フィードバックを行いながらも、組織やチームの目標に沿った個人の成果目標と行動目標に対して、数値化した客観的評価を行っている。

†タレントマネジメント

「タレントマネジメント」とは、組織が抱える優秀な人材がどのようなスキルや能力を持っているのかを把握し、そのパフォーマンスを最大化するために戦略的な人材配置や教育などの取り組みを行うことをいう。

「タレント」とは「才能・素質・技量」という意味を持つが、人材の流動性の高い米国において、企業に優れた人材を定着させ、育成するための効果的な人材開発手法として一九九〇年代に考案されたものである。当時の日本は終身雇用制で人材の流動性は極めて低く、こうした手法は不要と考えられていたが、価値観の多様化と労働市場の流動化により、日本でも注目されるようになった。

グローバルファンドでもタレントマネジメントを推進しているが、これを導入するにあたってまずなすべきことは、組織戦略と人事戦略のリンクである。組織の戦略、そして未来に必要な人材とは何か、組織の短期的・中長期的な戦略に人事戦略をつなげなければならない。

また、組織の人事戦略の方向性、組織の方針も重要である。特に、スタッフを長期雇用して育てていきたいのか、またはその職能をもつ人材を外部から雇用することを基本とするのかの方針である。日本では離職率が高いことをネガティブに考えるが、グローバルな組織はそうではない。むしろ、VUCA社会に対応するには組織の目的、また将来に適った人材を入れ替えることは必要と考える組織も少なくない。

例えば、グローバルファンドでは、スタッフが長期に働くことを想定また奨励していないので、三年で辞めても、一〇年で辞めても、その年数分、個人と組織が積み立てた金額を退職時に一括して支払うのみである。日本の公的機関や国連機関のように、長く勤めていれば退職金が多く受け取れるような仕組みにはなっていない。

いずれにせよ、組織内で人材を育てることは重要だが、それにも費用と時間がかかるため、その戦略や方針、外部雇用とのバランスなどをしっかり考える必要がある。

グローバルファンドでは、タレントマネジメントは毎年の人事評価や人材育成と連動させている。すべての職員に、現職以外にどのような職種・レベルで働きたいと思っているか希望を聞き、上司もそれに対する評価を行う。現在のポストに満足し、本人の技能に完全にマッチしているのか、現在のポストに見合う職能が十分でないのか、同じレベルだが他の職種や仕事内容をこなせる技量があるのか、または上のレベルを狙える実力・可能性があるのか、などを評価している。

これを基に、職能が足りず、パフォーマンスが悪い者にはそれを改善するための計画を立てて実行してもらう。別の仕事もできる、または上のレベルを狙える者には、そのためにどのような経験・機会を与え、どのくらいの年限（二〜三年など）を経過したら、それが可能となるのか、などを明確にする。

この経験・機会を与える、人を育てるという意味で、グローバルファンドは柔軟な育成の方法をとっている。

人材を育てるための学習機会として有効なのは「七〇％が経験、二〇％が薫陶、一〇％が研修」といわれる。研究から導きだされたこの枠組みは「七〇：二〇：一〇フレームワーク」と呼ばれ、学習の七〇％は「実際の仕事経験」、二〇％は「他者との社会的なかかわり」、一〇％は「公的な学習機会」によって得られるというものである。

したがって、グローバルファンドでは、年次目標を設定する際に、個人の能力開発目標も設定し、そのためにどのような経験、薫陶、研修を得たいのかを上司と話し、合意をとり、オンラインのシステム上に記録する。

例えば、ＯＪＴとして、指導者やメンターをつけることもある。別の技能をつけたければ、追加的な役割を与えたり、マトリックス・マネジメントで別のチームと一緒に仕事をすることもある。まったく別のチームに期間限定で修業に行くこともある。これらはお互いのWin-Winを考え、チームの成果に支障がない程度に個人やチームと話し合って進める。

研修はグローバルファンドではiLearnとして、イントラネット上で様々な研修の機会を提供し、上司との合意があればそれらに自由に参加できる。特に私の部局には専門家が多いので、疾病ごと、または保健システム、医療経済、疫学、人権など様々な研修コースを作り、他の部局のスタッフに提供し、日常的に「ブラウンバッグ（ランチを茶色の袋に入れて持ってくることから）」という気軽に弁当を食べながら学び合う勉強会を開いている。

組織外でも、国連訓練調査研究所（UNITAR）が提供する研修、WHOやUNAIDSなどが実施するセミナーや研修などにも参加できる。

中には、数カ月〜一年にわたる長期研修や修士・博士号などを有給教育訓練休暇としてとることもできる。仕事に関わるものであれば、外部の有料の研修に対して補助金が支給される場合もある。

いずれの場合にも、その目的と内容、成果については明確にし、年度末の人事評価で振り返り、どのような成果があったのかを話し合う。

＊

以上のように、グローバルファンドでは様々な試みを行っているが、人を育てるのに最も役立っているのは、実は組織文化だと私は思っている。可能性があれば若い人でもどんどん重要な仕事を任せているので、彼らが管理・調整役となって回るプロジェクトやイニシアティブが少なくない。これによって若いエネルギーが組織内に流れ、活気が生まれ、組織の敏捷性・

革新性などにもつながっている。

第七章　未来を創る

1　感染症流行の終息は本当に可能か

「二〇三〇年までに三大感染症を終息させる」――はたしてこの目標は実現可能なのだろうか。

二〇三〇年に掲げた目標は、三大感染症の病原菌をこの世から完全に消えてなくすものではない。世界で感染者をゼロにし、すべての人の体から病原菌をなくすことを「根絶」というが、それを成し得たのは、今まででで天然痘のみである。

第二章で述べた通り、世界において、公衆衛生問題として脅威にまったく感じないレベルにまで下げようというのが、この「流行を終息させる」という意味である。二〇一五年に比べて、死亡や新たな感染を八〇〜九〇％減少させようというもので、これが実現すれば、グローバルファンド設立時に五〇〇〇万人以上奪われていた命がわずか五〇〇万人以下、なんと一〇分の一に

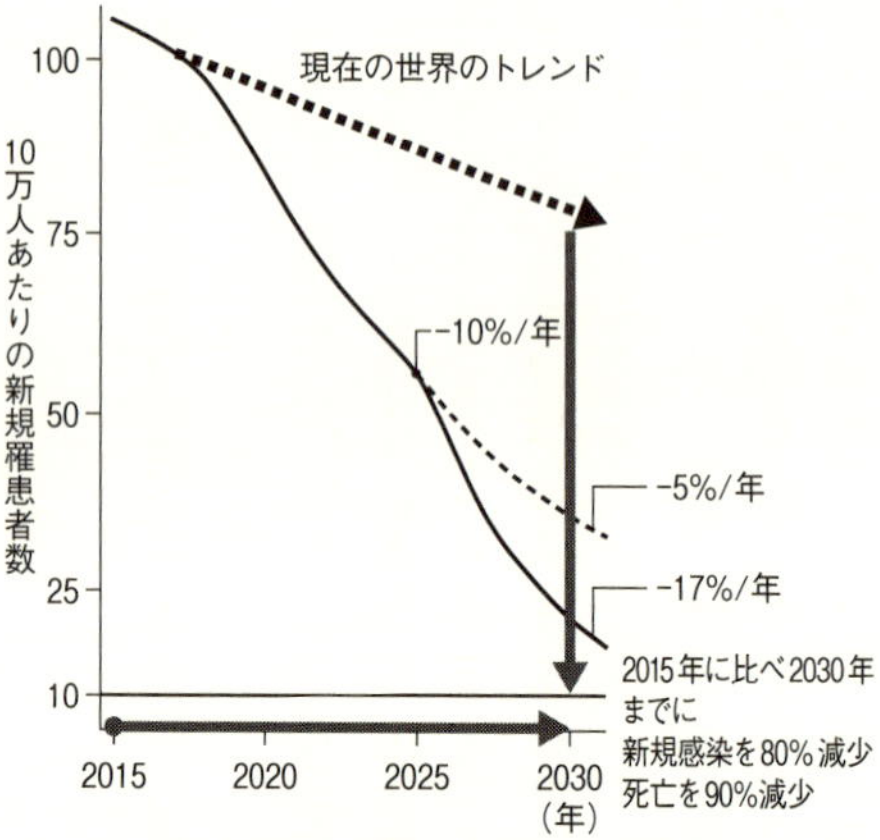

図17　結核の国際目標到達への道のり
（出典：WHO. The End TB Strategy, 2015）

減少させることができる。身近であまり感染や死亡する人がいなくなるレベルであり、国が亡びると恐れられていた時期から考えると夢のような話である。

しかし、図17に示す通り、この国際目標を達成するにはかなりの努力が必要である。結核対策の国際目標は、二〇一五年から二〇三〇年までの間に、結核による罹患を八〇%減らし、死亡を九〇%減らすというものだが、その達成には現在のゆっくりした結核罹患の減少率、年平均マイナス二%程度では目標達成にあと一〇〇年以上もかかってしまう計算となる。これを年平均マイナス一〇%、さらに二〇二五年頃からはマイナス一七%に加速化しなければならないとの意見もある。

世界でこれを本当に実現できるのであろうか。

†日本の事例に学ぶ

そのためのヒントを日本から学ぶことができる。

実は、日本では年間の結核罹患数が一〇〇万人以上、死亡数も一〇万人を超え、長らく死亡原因のトップであり、「国民病」と呼ばれていた時代がある。これに対して実施した対策が功を奏し、年平均で一〇％以上という世界でも稀に見る驚異的な減少率を実現して結核対策を成功させた。それも日本が決して豊かではなく、効果的な治療法が確立する以前、一九五〇〜一九六〇年代の話である。

その成功の秘訣を一言でいえば、国のリーダーシップ、様々なレベル・セクター間での連携・協働、そして地域や住民の動員・参加の三点であろう。

国のリーダーシップとしては、結核予防法や保健所法などを施行し、明確な結核対策の戦略・方針を示し、後に国民皆保険につながる結核医療費の公的負担制度を実現したことである。

結核対策の戦略としては、健康診断、予防接種、適正医療の三つを全国津々浦々で促進した。特に健康診断と予防接種、すなわち結核のスクリーニングと予防を全国民に普及するため、学校、施設、事業所、市町村で、それぞれの長に実施責任を持たせて定期的に徹底的に実施させた。

結核の疑いがある患者は、開業医を含む日本の医療施設に診療が委託され、保健所に報告・登録され、患者と家族への徹底したフォローアップがなされた。

開業医を含む医療機関から報告された結核患者の診療内容は、専門の診査協議会で検討され、同意を得られた医療のみに公費負担がなされた。つまり、結核治療の質の向上、治療の適正化を行った。

また地域では、婦人会、青年団、衛生自治組織などが健康診断や予防接種に協力して、それらの実施率の向上を図った。民間の立場から結核対策を支える結核予防会、そして結核研究所が創設され、結核に関する研究と対策、普及啓発活動と人材育成も推進されていった。

しかし、単に日本の経験を伝えるだけでは現場は変わらないところが、グローバルヘルスの難しさ、現実の厳しさである。「理論」は簡単、「実践」が難しい。成功の秘訣は政策や戦略が一割、実践やオペレーションが九割である。日本の経験をいかに他国に適用するか、その実践に労力をかけなければならない。

様々な成功例・失敗例、現状分析から見える、国際目標を実現するための三つのポイントがある。それは、国のリーダーシップとガバナンス、資源の動員とその最適化、そしてインベンションとイノベーションである。

†国のリーダーシップとガバナンス

日本や他国の事例を見れば明らかなように、政府や行政のリーダーシップとガバナンスは最も重要なカギである。感染症を含む保健医療を中心課題において、国家予算を優先的につけ、エビデンスに基づいた国家保健医療計画・戦略を策定できるか。野心的かつ現実的な目標・実施計画を作り、様々なステークホルダーの効率的・効果的な連携・協力の促進役としてリーダーシップを発揮できるか。

良いガバナンス、透明性の高い説明責任は国際社会から信用を生み、多くの支援が向こうからやってくる。ルワンダやエチオピアは様々な問題を抱えながらもそのガバナンスや説明責任の高さによって、内戦や飢饉のどん底から這い上がり、保健医療分野で目覚ましい発展を遂げた。これらの例は、国のリーダーシップやガバナンスの大切さをものの見事に伝えてくれる。

一方で、リーダーシップが弱くとも、ガバナンスが悪くとも、希望を失ってはいけない。自分の国を愛し、自国の人々の命を一人でも多く救いたいとのパッション、やる気のある人が必ずいる。私自身、軍事政権で固められたミャンマーでも、無政府状態といわれていたソマリアでも、その中に、愛国心をもって献身努力する現地の人々を見つけた。それも決して少なくなかったのである。

政府の中にも、現地のNGOの中にも、若者の中にも、そのような人材はいる。政治がだめだからこの国はだめだという前に、その国で貢献できる人材を一人でも多く探し出し、彼らを支援することで改善できるものがある。彼らへの技術支援を通じて、国の計画や戦略、制度やメカニズムの基礎を作ることもできる。少しずつでもサービスを広げ、一人でも多くの人を助けることもできる。

私が医学生や大学院時代に友好を深めていたアジアやアフリカの友人が、国の保健大臣や事務次官になっている。若いときの学び、経験、夢が、今でも彼らを突き動かしている。人づくりは国づくりというが、これはどこの国でも、どの時代にもいえることである。未来を創るために、人を育てること、若者を活かすことに多くの努力と投資をすべきである。

†資源の動員と最適化

本章冒頭で述べた通り、二〇三〇年の目標達成のためには、可能な限りの資源の動員が必要であり、そのためにも二〇一九年一〇月、フランスのリヨンで開催されるグローバルファンドの増資会合を成功させなければならない。現在、大々的なキャンペーンが世界各地で繰り広げられているが、日本政府の誓約にも大きな期待と注目が寄せられている。

さらに、何度も繰り返すが、国際目標を達成するには、低中所得国の国内資金の増額は必須である。保健予算を国内予算の一五％以上にする、またはグローバルファンドの投資計画で示したように、実施国はこれまでより四割以上国内資金を増額する努力をする必要があり、そのための働きかけを国際社会が連動して行わなければならない。

アフリカで国内資金を動員するには、低貯蓄率、脱税、資本の逃避、違法な資金の流れ、甚大なインフォーマル経済、行政システムの不備などの根本原因にも注目しなければならない。課税基盤の拡張、徴税システムの改善、より累進的な課税制度の構築などの租税改革を通じた政府歳入の強化、徴税・租税行政の効率化などの努力も必要である。グローバルファンドとして、国際通貨基金（ＩＭＦ）や世界銀行など、保健セクターを超えた機関との連携・協力が今後ますます重要になってくる。

また、政府開発援助を補完する革新的な資金創出メカニズムとして、金融取引に薄い税率を課すことによって相当額の公的資金を国際的に調達できる「金融取引税」をはじめとする「国際連帯税」の創設を主張する人々もいる。

また、今後はソーシャルビジネス、ＥＳＧ投資など、民間セクターと公的セクター、多国間援助と二国間援助、ビジネスと市民社会など、様々なセクター・組織がお互いにWin-Winの関係を構築しながら、ＳＤＧｓ達成に向けた努力を続ける必要がある。

資源には「カネ」だけでなく、「ヒト」「モノ」「データ」そして「サービス」などもある。

日本は結核対策に限らず、貧しい時代に、様々な地域のボランティアが母子保健、栄養改善、衛生改善などを行い、保健所と開業医など公民の連携があり、学校や事業所など様々なセクターが協力し合って資源を最大活用していた。

カネがなくとも、これらの資源をいかに有効に効率的に活用して、最適化して、成果・インパクトを最大化するか。まだまだ伸びしろが大きい部分である。

†インベンションとイノベーション

日本の成功事例、また現在顕著に死亡・新規感染を減少させている国を見ればわかる通り、現存する診断・治療技術でも、それを最適化して拡大・推進すれば国際目標達成は不可能ではないと見られている。我々の投資計画はまさにその最適化を前提としている。

しかし、薬剤耐性、殺虫剤耐性、感染予防の困難さ、アクセスが困難なKPが抱える問題などを考えると、これらに対する新たな診断・治療・予防に期待する気持ちも大きい。

グローバルファンドは研究開発に資金拠出はしないが、有望な製品については、その市場参入を早め、国への導入・拡大を促進する努力に協力はできる。HIVや結核では感染・発病しても診断されずに放置され、それが感染を拡大している事実があるが、検体を検査室に送り、結果の通知まで時間がかかるものでなく、治療やケアをする場所で簡易、迅速、正確にできる臨床現場即時検査（ＰＯＣＴ）が途上国の現場では求められている。ＨＩＶやマラリアでは辺地の診療所や地域においても、一五分程度で結果がわかる迅速診断キットがあり、グローバルファンドでも多くの国に供与しているが、結核でも同様の診断技術の開発が待ち望まれている。

さらに、医療従事者がいなくても自分でできる自己検査も望まれている。既にＨＩＶ自己検査は先進国の市場に出ているが、開発途上国でも実用可能な自己検査の開発も期待されている。

より効果的で実践的な感染予防法の研究開発も必要である。中でも望まれるのはワクチンで、ＨＩＶでは一九八七年からワクチンの臨床研究が始まり、これまで年間五億ドルもの投資がなされてきた。しかしながら、ＨＩＶ、結核、マラリアいずれも有効なワクチンは市場には出ておらず、いくつかあるワクチン候補の治験結果を待ちたい。

一方で、研究開発によって新たなインベンション（発明）をしなくとも、イノベーション（革新）によって効果や効率を向上させることはできる。

例えば、ワクチンがなくとも、ＨＩＶを六〇％予防できる「自発的医学的男性包茎手術（ＶＭＭＣ）」のような方法もあることを既に説明した。これ自体がイノベーションともいえるが、さらにこの処置を、医者がいらず、麻酔もいらず、手術もいらず、痛みもなく実施できる画期的なデバイスイノベーションが生まれている。

それは「プレペックス」「シャンリン」という製品である（写真31）。極めて単純な装置で、

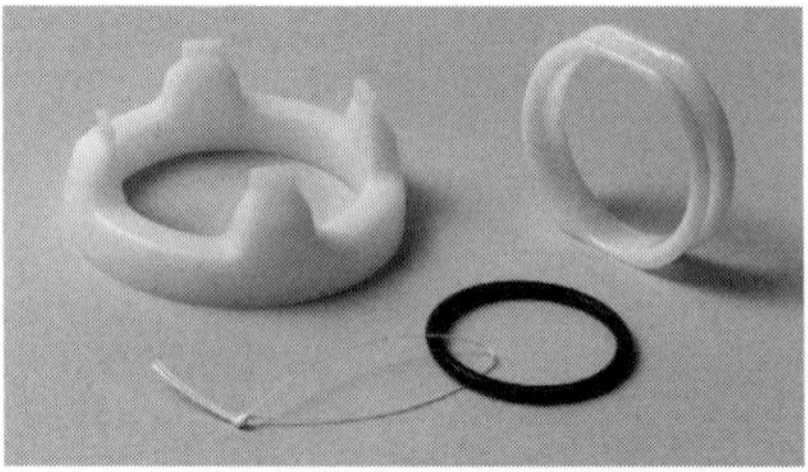

写真31　自発的医学的男性包茎手術の革新的製品

プラスチック製のリング二個にゴムバンド一個を男性の陰茎の亀頭を覆っている包皮に装着し、それを締め付けることで血流を止めて壊死させ、一週間後にゴムバンドを外す際に同時に包皮も除去されるというものである。手術に比べ、使用時の刺激が少なく、処置にかかる時間を短縮でき、また安価である。

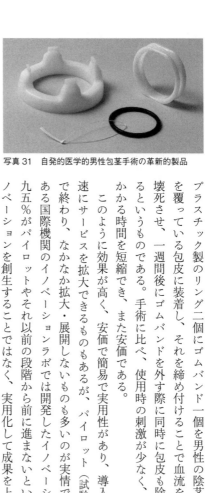

このように効果が高く、安価で簡易で実用性があり、導入後、急速にサービスを拡大できるものもあるが、パイロット（試験運用）で終わり、なかなか拡大・展開しないものも多いのが実情である。ある国際機関のイノベーションラボでは開発したイノベーションの九五％がパイロットやそれ以前の段階から前に進まないという。イノベーションを創生することではなく、実用化して成果を上げることが目的なので、パイロットから抜け出して成果につなげられるイノベーションが期待される。

それを推進するために、デジタルヘルスの分野では、グローバルファンドは世界銀行やユニセフ、ロックフェラー財団など約三〇の機関とともに、通信技術を用いた保健分野でのイノベーションを支援する際の原則を策定し、合意書に署名した。これは、この分野の開発をばらばらに支援するのではなく、国や地域の状況にあったイノベーション開発のための国家計画や戦略作りを支援し、それに対して財政的また技術的支援を連携して行い、モニタリング評価をしてその成果物を共有し、できるだけ公共財としてそのツールやデータを共有しながら、オープンソースで開発や実用を支援していこうというものである。

このようなイノベーションを推進するにあたり、途上国は「遅れている」との考えは払拭したほうがいい。第四章で述べたケニアやソマリアのデジタル化が示す通り、既成概念がないために、新たな視点でイノベーションを起こし、急速に展開することができる可能性が途上国にはある。日本も世界から学ぶべきことがたくさんあり、また世界に貢献できることが数多くあるはずだ。

2　生き残るか、進化するか

†グローバルファンドは生き残れるか

イギリスの医学雑誌『ランセット』の編集長リチャード・ホートンは、二〇一八年七月七日号に自らのコメントを「オフライン――グローバルファンドは生き残れるか？」として発表した。

これによると、「グローバルファンドは創設以来、グローバルヘルスの中でも最も成功した資金調達手段であった。」で始まり、「その創設時に比べて世界は変化した。米国と英国はかつてグローバルヘルス、そしてグローバルファンドの支持者であったが、今は自作自演のサイキックな芝居に夢中になり、無関心な傍観者に変わってしまった。二〇〇七～〇八年を経て、財布の紐は硬くなった。国民の要求は膨らんできている」と続く。

そして、「今やグローバルヘルスの課題は拡大し、これまでの基金の対応とは異なったやり方が求められるようになったとも言える。そんな大胆な戦略的転換について準備ができているだろうか?」と質問を投げかけ、自ら、「三大感染症対策は引き続き実施しながらも、有効なプライマリ・ヘルスケアに基づいた保健システム強化を推進するUHCの実現にも貢献すべきだ」「グローバルファンドは保健医療人材、保健医療情報、ガバナンス・アカウンタビリティ、といったUHCの実現につながる分野に焦点を絞るべきだ」との提案をした。

さらに、「グローバルファンドは、今後、民間セクターをどれほど巻き込んでいくか、中所得国に対する戦略をどうするか、特に治療薬の費用をカバーするための国内資金をどのように増やしていくか、他の国際保健イニシアティブとどのように協力していくか、といった質問に答えていかなければならない」と述べ、最後に、「グローバルファンドの増資の結果は、この基金に対する信頼を試すだけではない。多国間主義に対するドナーのコミットメントをも試すものになるだろう。トランプ＝ブレクジットによって米・英が戦略的な影響力を失う中、ヨーロッパは温かい称賛の言葉に見合った確固たる財政的支援をもって、国家間の結束というスピリットを奮い立たせる機会でもある。（増資会合までの）今後四カ月間は、グローバルファンドがその語り口を変える勇気があるかどうかの決断をする時である。そして、それはヨーロッパがグローバルファンドを強固なものとするためのリード役となるだけでなく、この大陸が世界のリーダーとして新たな時代を生み出すチャンスでもある」と締めくくっている。

†成功のカギとは

編集長のリチャードとは、これまで国際会議で同じパネルディスカッションに参加したり、意見を交換し合ったりしてきたが、議論に刺激や挑発を与えながら、ロゴスとパトスに溢れた熱弁で観客を魅了する舌鋒鋭き論客である。

この論文も、最終的にはグローバルファンドの将来に期待し、増資の成功を願いながらも、新たな時代のニーズとそれに対する方向転換を提言している。様々な見解があるだろうが、私は個人的見解としてはこの論文に書いてあることすべてに同意する。ただし、残念ながら、我々にとって目新しい意見・見解、そして実践的な提案は見当たらない。

実は、これまでのグローバルヘルスの歴史を見ると、疾病別にフォーカスを絞って対策をする垂直型のアプローチと、保健システム強化やプライマリ・ヘルスケア推進により包括的な対策をする横断型のアプローチとの間で、ほぼ一〇年ごとに国際的な潮流は時計の振り子のように行ったり来たりしている。

グローバルファンドでも創設当時からこの保健システム強化の重要性は叫ばれ、第五章で述べたエチオピアのように、地域のプライマリ・ヘルスケアの強化にグローバルファンドの資金を投資することも可能であり、二〇〇六年には世界に向けて保健システム強化に特化した資金供与のための申請書募集も行っている。二〇〇八年に募集したグローバルファンドの第八ラウンドの事業計画書の分析では、保健システム強化への投資は三七%にも達していた。

リチャードの提言とは少し異なるが、保健システムの中でも、グローバルファンドでは人材育成、データ情報システム、調達サプライチェーンに焦点を当てている。実施国のガバナンス・アカウンタビリティの強化に対する支援は、グローバルファンドとして実施してはいるものの、その影響力にはどうしても限界がある。また、世界銀行やWHO、その他との協働なしでは前進せず、彼らも四苦八苦している領域なのである。

また中所得国に対しては、STC政策などを通じて、移行準備、持続可能性に向けた支援を既に行っている。ただし、中所得国の巨大なニーズに対して、グローバルファンドの資金は少なく、優先順位を決め、フォーカスを絞りながら実践する必要がある。

民間セクターについても、資金調達、事業実施で戦略的なパートナーシップを組んでおり、現在も新たなパートナーシップを構築中である。しかしながら、国全体、また世界全体で大きなインパクトを生むほどの民間との連携・協力を構築することは、口で言うほど簡単なものではない。

リチャードの提言にある「大胆な戦略的転換」の準備はできている。というより、既にそれは戦略に盛り込まれ、実施中である。むしろ重要なのは、「戦略」の転換よりも、転換した戦略の実践である。

三大感染症対策を続けながら、保健システムも強化するというが、それぞれの国でそのニーズは多様で多大であり、増資の章で述べたように、世界が必要とする資金のギャップは、グローバルファンドの資金でも到底埋めることはできない。既に保健医療システム強化に三割近くを投資しているが、これを何割に上げていけばよいのか。その場合、感染症対策のどこを減らしていけばよいのか。これまで治療を提供してきた人々への支援をストップしてよいのか。資源が限られる中で、やらなければならないことは多い。戦略的転換とは、実践では何を優先するかよりも、何を捨てるかを意味し、苦渋の選択を迫られることもある。

また、グローバルファンドが支援している一三〇カ国以上の国々は、それぞれ状況が異なり、ニーズやギャップも大きく違う。戦略は目標達成への筋道を示してくれるが、これらの国を実際に歩いてみると、途中に山あり谷あり、突然道がなくなり、盗賊が現れ……、筋道だけを知らされても前に進まないことが多々ある。

私が常々思うのは、成功のカギの一割は戦略、九割は実践が握っているということである。戦略を作るのはそう難しいことではなく、目標に向かって走り出したときの実践にこそ、真の困難が待ち受けている。滑ったり転んだり、試行錯誤しながら、現場で学んだことを戦術として、知識や知恵として蓄積し、さらに実践で活用していく。この積み重ねの延長線に成功があると感じている。

では、この実践の積み重ねを成功させるための秘訣は何か。それは、組織を担う一人ひとりの存在であり、彼らが共有する組織文化である。困難にもめげず、目標に向かって学び続け、進化していく、そんな組織の文化である。

†進化する組織

飛躍した企業が偉大になれたのはなぜか。その答えは、慎重に選び抜いた分野で世界一になるために必要なことはすべて行い、一層の改善を常にめざす姿勢、この規律にある。秘訣はこれほど単純なのだ。そして、これほどむずかしいことなのだ（ジェームズ・C・コリンズ、ジェリー・I・ポラス『ビジョナリー・カンパニー――時代を超える生存の原則』）。

グローバルファンドは「学び続ける組織」「進化する組織」とも呼ばれている。この組織に入って初めて理事会やその委員会などに出席して驚いたのが、失敗を隠すことなく示して、そこから得た教訓、今後の改善点・方向性を示し、ベストな答えがない場合には、理事会や専門委員会などで一緒に考えてもらい、方策を一緒に作ろうという文化があることである。一般に組織は信頼を失いたくないために失敗を隠す傾向にある。しかし、むしろそれをオープンにしたほうが学びと進化は進み、最終的な信頼は高まると、この経験を通じて感じた。ただし、そこには組織として、学習するメカニズムと機会、失敗を恐れず革新を推進する文化と実践がなければならない。

グローバルファンドでは、事務局の内外に、事業や戦略・政策などをモニタリング評価し、データやエビデンスを集める部局・独立した委員会があり、それらの結果は透明性をもって理事会に報告し、またホームページで公表している。

幹部会は毎週月曜日に開かれ、そこで多くの報告や意思決定がなされる。事務局の権限で実施できる新たなイニシアティブやイノベーションが推進され、進捗状況が報告される。理事会レベルで決定が必要なものは、年に三回の理事会の各種委員会、またその間に開かれる電話会議などで活発に議論され、タイムラインを決めて次々に決定・実施される。

驚くほどに動きが速いのである。

前述したリチャードの論文も含めて、グローバルファンドに対する評論・批判は大歓迎である。ただし、実際にそれらを聞いて、私は「問題点はわかりましたが、できれば具体的な改善策、実践的な助言をいただけますか？　ない場合には、一緒に考えてくれますか？」とお願いすることもある。

どの分野でも同じであろうが、評論や批判をするのは簡単である。重要なのは、ではどうやって改善したらよいか、どうやったら問題を解決できるのか、その実践やアクションである。学習し進化する組織は批判を恐れない。むしろ、批判をバネに、学習し進化する。「窓と鏡」の喩えのように、組織自体も謙虚さと不屈の精神をもって、未来を創っていくのである。

†ミッションが達成されたとき

『ビジョナリー・カンパニー――時代を超える生存の原則』を読んで一つ疑問に思い、自分で答えが出せないでいることがある。

「究極の作品は会社であり、あるアイデアを実現することでも、市場の機会をとらえることでもなく、ひとつのアイデアにこだわることなく、長く続くすばらしい組織をつくりあげることを目指して、ねばり抜くこと」が大切という点である。

さらに、「井深大《いぶかまさる》の最高の「製品」は、ウォークマンでもトリニトロンでもない。ソニーという企業であり、その企業文化である。ウォルト・ディズニーの最高傑作は、「ファンタジア」でも「白雪姫」でもないし、ディズニーランドですらない。ディズニー社であり、人々を幸せにする同社のたぐいまれな能力である」という箇所でもある（同上書、四九〜五〇頁）。

私は以前、ユニセフのミャンマー事務所に保健・栄養事業のチーフとして就任した時、国際スタッフやローカルスタッフの前で、「我々がめざすべきものは何だと思う？」という質問をしたことがある。

スタッフからは「予防接種率を一〇〇％に近づけること」「子どもの死亡率を三分の一に下げること」などの答えが返ってきた。

これに対して私は、「僕は、このミャンマーという国が自立して、援助が必要なくなることだと思う。自分たちの力で、子どもやお母さんの命を守れるようになって、ユニセフの援助が必要なくなること。僕たちの支援が必要なくなることだと思うんだ」と言った。

すると、ローカルスタッフからは総スカン。一部は苦笑いをしながら、「新しいボス、何言ってるの？」という明らかに冷めた顔をしていた。

考えてみれば、ユニセフの事務所がなくなればローカルスタッフは職を失う。特に軍事政権下の経済的に厳しい社会ではそれは深刻な問題だった。

いずれにせよ、現実世界では、多くの国連機関が創設されながら、その中で廃止されたものはほとんどみあたらない。世界の状況は大きく変化し、本来ならその役割がなくなって廃止される、または縮小する機関があってもよさそうなのだが、実際にはほとんどないのである。これは、世界の問題が解決せず、むしろ拡大しているためなのだろうか。または、『ビジョナリー・カンパニー』が言うように、長く続くすばらしい組織をつくりあげることが国際機関にとっても重要なのだろうか。

営利企業と公的機関との違いはやはりお金の出所である。営利企業の多くは個人が創業し、その経営努力で利潤を得ながら存続しているので、その究極の作品は会社自体ともなりうる。また、ビジョンや目標を達成し、ミッションを果たしても、新たなビジョン、ミッションを探してもいい。一つのアイデアにこだわることなく、長く続くすばらしい組織をつくることを目的にしても民間企業であれば許される。時代のニーズがなくなっても、新たなニーズを模索してねばり抜けばいい。

この世界から三大感染症が終息するというミッションが達成された時、グローバルファンドという組織は解体されるべきなのだろうか。ミャンマーとは異なり、世界中から集まるグローバル人材の中でそんな話をしても、不安がる人は私の周りではほとんどみあたらない。最終的にそれを決めるのは理事会であり、特にドナーが資金をストップするかどうかで決まるが、今のところ、この議論はなされていない。目の前に多くの課題があり、未だゴールが見えないからである。しかし、遅かれ早かれ、そのような議論は始まるだろう。

ただし、今の時点で、グローバルファンドという組織自体をビジョナリー・カンパニーが言うところの「究極の作品」と感じている人は少なくない。誰も作ったことのない組織、メカニズムを、コフィ・アナンをはじめ、多くの人が夢見て、みんなで創り上げた。議論に議論を重ね、失敗や教訓を活かし、それを学びと進化に変え、ドナー政府も途上国政府も、NGOも市民社会も、国連機関も民間企業も、みんなを同じ土俵で議論させ、同じ夢に向かって歩ませていった。それが、みんなで創った「究極の作品」だ。

*

二〇三〇年に向けて、またそれ以降の未来に向かって、社会は、世界はどのように動いていくのだろうか。SDGsの大きな課題を、本当の意味でのパートナーシップを構築して、解決していけるのだろうか。それとも、ナショナリズムの波の中で、パートナーシップは揺らいでいき、地球規模の課題、社会の問題は解決するどころか、悪化していくのだろうか。

私も、あなたも、日本も、世界も、みんなつながっている。

"Think globally, Act locally"「地球規模で考え、足元から行動せよ」という言葉はこれからの時代にこそ必要なメッセージである。

さらに、「売り手よし、買い手よし、世間よし」の三方よしに、「地球よし、未来よし」を加えた「五方よし」を、産学官民、すべての組織がめざして行動していけば、世界や未来を本当に変えていくことができる。

今、人類の「賢さ」が問われる時である。

おわりに

この本の執筆と出版を私に強く勧めてくださったのは、前駐南スーダン大使、現在、外務省アフリカ開発会議（TICAD）担当大使・グローバルファンド日本理事の紀谷昌彦氏である。彼とは一五年以上も前に、ミレニアム開発目標（MDGs）の保健医療目標の達成をいかに加速するかを議論したカナダの国際会議に、日本政府代表として一緒に出席して以来、スリランカ、ベルギー、東京、スイスと様々な場所で再会し、世界の開発問題、グローバルヘルス、日本の役割などを熱く議論し、刺激し合ってきた仲である。

日本が国際機関の中でもグローバルファンドに多額の拠出をし、またグローバルファンドがこれだけ大きな国際的貢献をしながら、なぜ日本社会であまり知られていないのか、認知度が高くないのか、というのが紀谷氏の問題意識であった。

確かにそれは事実である。以前、ユニセフで活動していたとき、その認知度はとても高く、一般の方々がユニセフに寄せる関心も期待も高かった。もちろん、黒柳徹子さんやアグネス・

チャンさん、日本ユニセフ協会を通じた広報活動も功を奏しているのだが、何よりもその活動の成果が見えやすかった。現場に薬やワクチンを送り届け、病気の子どもや母親が救われる姿を目の前で見て感じとることができる。それを寄付をしてくださる人々に伝えることも容易にできたし、私の話を聞いてくれた人々にも自分たちが寄付したお金がどう使われているか、よくわかっていただけたようである。

現場で目に見える活動、寄付する人にも納得してもらえる活動をしているユニセフは私にとっては最高の職場だった。現場を第一に考え、ソマリアであろうが、アフガニスタンであろうが、援助が必要な子どもや母親がいれば、どこにでも行ってそこに手をさしのべようとあらゆる努力をする。そんな組織文化も好きだった。

そこを出て、グローバルファンドに転職した理由は三つある。

一つは、世界でより大きな成果・インパクトを追求したかったからである。

これは自分のこれまでのキャリアを動かしてきた原動力の一つでもある。好きな臨床を捨てて公衆衛生に移ったのも、病気になってから治療するよりも、予防したほうが多くの命を救えると思ったからであり、NGOからODA（政府開発援助）、さらに国連機関に移ったのも、より多くの命を救えて、現場により高いインパクトを与えられると思ったからである。世界的に多大なインパクトを与え、それを最大化するために進化しているグローバルファンドには大きな魅力を感じていた。

二つ目は、二一世紀型パートナーシップが本当に機能するのか、またそれを進化させられるのかを知りたかったからである。本文中に記したが、連携・協力の重要性を誰もが知りながら、現場ではなかなかそれを実現できなかった。ユニセフであっても、一つの国連組織として、他の国連組織と本当の意味での連携・協力を実現することは困難であった。この構造、メカニズム、促進方法を知り、真のパートナーシップのあり方について考えたかったのである。

三つ目は、疾病対策という垂直型アプローチに、保健システムやUHC、ジェンダー・人権などの横断的アプローチを組み合わせたかったからである。三大感染症の課題解決も大切だが、現場にはほかにも多くの課題が横たわっている。グローバルファンドの大きなパワー、影響力で、他の保健医療課題の解決やUHCの実現にも貢献ができると信じていた。ある意味で、これは私自身のグローバルファンドへの挑戦でもあった。

そんな私の個人的な思いを含め、紀谷氏の問題提起に応えてこの本を上梓したが、読者の皆さんには何かを伝えることができたであろうか。

感染症以外にも、貧困、難民・移民、環境破壊、気候変動など、世界には多くの問題が横たわる一方、CSR、CSV、ESG投資、SDGsと世界で様々な潮流が生まれる現在、産学官民が本当の意味でのパートナーシップを築いて問題解決にあたれるチャンスでもある。グローバルファンドをひとつの事例として、社会問題の解決を考える糸口になったとすれば幸甚である。

日本を離れて一四年近くになる。海外から見る日本は、世界の流れの速さについていけていないようにも見え、時にもどかしさも感じる。その一方で、いまだその底力や潜在能力は大きく、世界をリードできる部分が多々あると信じている。母国のために貢献できていないことに日頃から申し訳ないとも感じるが、この本を通じて、何か役に立てれば光栄である。

二〇一九年八月に開催される第七回アフリカ開発会議までに上梓するため、半年程度の短い執筆期間で、自分の経験や考えを整理した。そのため多くの参考文献を読んで深く分析・考察することができなかったのは反省材料である。

しかし、時間があったとしても自分の能力には限界があり、また本というのは自分の思うように書けないものでもある。皆様からの率直なご批評をいただき、自分の成長や組織の進化につなげていきたいと思う。

本書を読んでいただいて、ありがとうございました。ご意見、ご感想をお待ちしています。

國井　修

(kunii@jp.org)

謝辞

この本を上梓するにあたって、そのきっかけを作ってくださり、出版社の紹介や原稿へのコメントもくださった紀谷昌彦氏に心より感謝したい。

グローバルファンド日本委員会（ＦＧＦＪ）として日頃より多大なご協力を頂き、本書の出版にあたってもＦＧＦＪ一五周年記念事業として全面的にご支援くださった日本国際交流センターの大河原昭夫理事長、伊藤聡子執行理事、レオン・シャオイン氏に深謝したい。

ＦＧＦＪ議員タスクフォースの共同代表幹事である逢沢一郎氏と古川元久氏、ＦＧＦＪアドバイザリーボードの顧問森喜朗氏、それぞれのメンバーの皆様にも、日ごろからのご支援・ご協力も含めて心より御礼を申し上げたい。

本書の図表の作成などを手伝ってくださった木場宣宏氏には多くの時間をかけてご協力頂き、大変感謝している。

原稿へのコメントなどを下さった紀谷昌彦氏、稲岡恵美氏、伊藤聡子氏、稲場雅紀氏、田中太郎氏、岸山征寛氏、小松隆一氏、高山眞木子氏、佐々木康輔氏、加藤治弥氏、竹本由紀氏、皆嶋円氏、嶋津遼介氏、手島祐子氏にも心より感謝申し上げる。

ちくま新書の松田健編集長、山本拓氏には出版に至るまで大変お世話になり御礼申し上げる。

最後に、私を生み育ててくれた父、國井忠治と母、斐子、そして、いつも支えてくれている家族に心から感謝し、「ありがとう」と言いたい。

巻末資料

FGFJタスクフォースメンバー（敬称略、政党別・五十音別、二〇一九年五月一〇日現在）

代表幹事：逢沢一郎、古川元久

メンバー：阿部俊子、石田昌宏、大串正樹、小野寺五典、小渕優子、鴨下一郎、黄川田仁志、
岸田文雄、木原誠二、武見敬三、田村憲久、齋藤健、西村康稔、橋本岳、林芳正、
松野博一、松本純、丸川珠代、三原朝彦、山口壯
江田康幸、谷合正明、濱村進、古屋範子
枝野幸男、川田龍平、長浜博行、西村智奈美、福山哲郎
足立信也、小熊慎司、大塚耕平、岸本周平、玉木雄一郎
菊田真紀子

写真 32　ビル・ゲイツと FGFJ 議員タスクフォースおよびアドバイザリーボードのメンバー。前列左から 3 番目マーク・ダイブル前事務局長、ビル・ゲイツ、議員タスクフォース共同代表幹事の逢沢議員と古川議員。後列右から 2 番目が著者。

FGFJアドバイザリー・ボード（敬称略、二〇一九年五月一〇日現在）

顧問：森喜朗

共同議長：逢沢一郎、古川元久

メンバー：大河原昭夫（日本国際交流センター）、池田千絵子（厚生労働省）、稲場雅紀（アフリカ日本協議会）、岩本愛吉（日本医療研開発機構）、岡田耕輔（結核予防会）、尾身茂（地域医療機能推進機構）、加藤誠也（結核研究所）、狩野繁之（国立国際医療研究センター）、黒川清（政策研究大学院大学）、髙倉明（全日本自動車産業労働組合総連合会）、樽井正義（AIDS & Society 研究会議）、戸田隆夫（国際協力機構）、西本麗（住友化学株式会社）、平手晴彦（武田薬品工業株式会社）、平野克己（日本貿易振興機構）、堀内光子（アジア女性研究・交流センター）、林稔博（日本労働組合総連合会）、森島信幸（大塚製薬株式会社）、山﨑和之（外務省）、伊藤聡子（日本国際交流センター）

参考文献

入江仁之『「すぐ決まる組織」のつくり方――OODAマネジメント』フォレスト出版、二〇一八
ジェームズ・C・コリンズ、ジェリー・I・ポラス『ビジョナリー・カンパニー――時代を超える生存の原則』山岡洋一訳、日経BP出版センター、一九九五
ジェームズ・C・コリンズ『ビジョナリー・カンパニー2――飛躍の法則』山岡洋一訳、日経BP社、二〇〇一
ジェームズ・C・コリンズ『ビジョナリー・カンパニー3――衰退の五段階』山岡洋一訳、日経BP社、二〇一〇
ジェームズ・C・コリンズ、モートン・ハンセン『ビジョナリー・カンパニー4――自分の意志で偉大になる』牧野洋訳、日経BP社、二〇一二
世古詞一『シリコンバレー式 最強の育て方――人材マネジメントの新しい常識1on1ミーテ

ィング』かんき出版、二〇一七
冨田秀実『ＥＳＧ投資時代の持続可能な調達』日経ＢＰ社、二〇一八
名和高司『ＣＳＶ経営戦略——本業での高収益と、社会の課題を同時に解決する』東洋経済新報社、二〇一五
ピーター・Ｆ・ドラッカー『マネジメント——基本と原則（エッセンシャル版）』上田惇生編訳、ダイヤモンド社、二〇〇一
ピーター・Ｆ・ドラッカー『明日を支配するもの—21世紀のマネジメント革命』ダイヤモンド社、一九九九
野中郁次郎、紺野登『知識創造の方法論——ナレッジワーカーの作法』東洋経済新報社、二〇〇三
和田浩子『Ｐ＆Ｇ式　世界が欲しがる人材の育て方——日本人初のヴァイスプレジデントはこうして生まれた』ダイヤモンド社　二〇〇八
野村総合研究所『サステナビリティ経営の全体像とＣＳＶ経営の潮流／社会価値創造への経営的インテント』NRI Management Review 40: 2-9; 2018.
Bill Gates: *The Best Investment I've Ever Made*. The Wall Street Journal. Jan. 16, 2019.
Porter ME, Kramer MR. *Creating Shared Value*. Harvard Business Review. 2011

Powell, C. *It Worked for Me: In Life and Leadership*. Harper Perennial. 2012.
Horton, R. *Offline: Can the Global Fund survive?* Lancet. 2018; 392: 14.
Shakarishvili G, et al. *Health systems strengthening: a common classification and framework for investment analysis*. Health Policy Plan. 2011; 26: 316–26.
Rowley, J. *The wisdom hierarchy: representations of the DIKW hierarchy*. Journal of Information Science. 2007; 33: 163–180.
The Global Fund. *Step Up The Fight- Investment case, Sixth Replenishment*. 2019.
The Global Fund. *Results Report* 2018.
WHO. *Public Spending on Health: A Closer Look at Global Trends*, 2018.
WHO. *World Malaria Report* 2018.
WHO. *Global Tuberculosis Report* 2018.
UNAIDS. *Global AIDS Update* 2018.
グローバルファンド ウェブサイト　https://www.theglobalfund.org/en/
グローバルファンド日本委員会 ウェブサイト　http://fgfj.jcie.or.jp/
グローバルファンド15周年記念事業

写真出典一覧

写真 1：グローバルファンド
写真 2：Jake Lyell / Alamy Stock Photo
写真 3：U. N. Photo
写真 4：Presidential Press
写真 5：グローバルファンド
写真 6：グローバルファンド
写真 7：AP／アフロ
写真 8：ロイター／アフロ
写真 9：グローバルファンド
写真 10：日本国際交流センター
写真 11：日本国際交流センター
写真 12：日本国際交流センター
写真 13：日本国際交流センター
写真 14：日本国際交流センター
写真 15：日本国際交流センター
写真 16：日本国際交流センター
写真 17：グローバルファンド／Sam Wolson
写真 18：グローバルファンド
写真 19：グローバルファンド
写真 20：グローバルファンド／John Rae
写真 21：グローバルファンド／Sam Wolson
写真 22：グローバルファンド
写真 23：グローバルファンド／Andrew Esieb
写真 24：著者撮影
写真 25：グローバルファンド
写真 26：グローバルファンド／Petterik Wiggers
写真 27：グローバルファンド／John Rae
写真 28：グローバルファンド
写真 29：著者撮影
写真 30：日本国際交流センター
写真 31：Prepex
写真 32：日本国際交流センター

ちくま新書
1430

世界《せかい》最強《さいきょう》組織《そしき》のつくり方《かた》
——感染症《かんせんしょう》と闘《たたか》うグローバルファンドの挑戦《ちょうせん》

二〇一九年八月一〇日 第一刷発行

著者 國井 修(くにい・おさむ)
発行者 喜入冬子
発行所 株式会社 筑摩書房
東京都台東区蔵前二-五-三 郵便番号一一一-八七五五
電話番号〇三-五六八七-二六〇一(代表)
装幀者 間村俊一
印刷・製本 株式会社 精興社

ISBN978-4-480-07244-3 C0247

1377
ヨーロッパ近代史
君塚直隆
なぜヨーロッパは世界を席巻することができたのか。「宗教と科学の相剋」という視点から、ルネサンスに始まり第一次世界大戦に終わる激動の五〇〇年を一望する。

1177
カストロとフランコ
——冷戦期外交の舞台裏
細田晴子
キューバ社会主義革命の英雄と、スペイン反革命の指導者。二人の「独裁者」の密かなつながりとは何か。未開拓の外交史料を駆使して冷戦下の国際政治の真相に迫る。

1193
移民大国アメリカ
西山隆行
止まるところを知らない中南米移民。その増加への不満がいかに米国社会を蝕みつつあるのか。米国の移民問題の全容を解明し、日本に与える示唆を多角的に分析する。

1211
ヒラリーの野望
——その半生から政策まで
三輪裕範
嫌われ、夢破れても前へ進む！　ヒラリー・クリントンの生涯における数々の栄光と挫折、思想、人柄、そして夢を、ワシントン在住の著者が克明に描き出す。

1236
日本の戦略外交
鈴木美勝
外交取材のエキスパートが読む世界史ゲームのいま。「歴史」の和解と打算、機略縦横の駆け引き、舞台裏で支えるキーマンの素顔……。戦略的リアリズムとは何か！

1311
アメリカの社会変革
——人種・移民・ジェンダー・LGBT
ホーン川嶋瑤子
「チェンジ」の価値化——これこそがアメリカ文化の柱である。保守とリベラルのせめぎあいでダイナミックに動く、平等化運動から見たアメリカの歴史と現在。

1331
アメリカ政治講義
西山隆行
アメリカの政治はどのように動いているのか。その力学を歴史・制度・文化など多様な背景から解説。アメリカン・デモクラシーの考え方がわかる、入門書の決定版。